Märchen aus Birma

Märchen aus Birma

Maung Htin Aung

Verlag Werner Dausien

Ein Bräutigam für Fräulein Maus

Es war einmal ein kleines Mäuschen, so schön, daß seine Eltern es immer wieder voller Freude und Bewunderung betrachteten. Eines Tages sagte Frau Maus: „Es wird Zeit, daß wir unsere Tochter verheiraten. Wir müssen einen Bräutigam für sie suchen."

„Für unsere Tochter finden wir leicht einen passenden Bräutigam", erwiderte Herr Maus, „weil sie wirklich schön ist!"

„Schön, sagst du?" ereiferte sich die stolze Mutter. „Unsere Tochter ist die Allerschönste auf der ganzen Welt! Wir werden für sie den Bräutigam finden, der am mächtigsten von allen ist!"

Also begaben sich Herr und Frau Maus auf die Suche nach einem geeigneten Bräutigam für ihr schönes Fräulein Maus.

Zuerst gingen sie zum Mond.

Und der Herr Maus sagte: „Lieber Mond, wir bitten dich, nimm unsere Tochter zur Frau!"

Vor Freude leuchtete der Mond hell auf und rief: „Fräulein Maus ist wirklich eine Schönheit! Es ist mir eine Ehre, sie zu heiraten!"

Die Eltern stutzten und überlegten. Zu schnell war der Mond bereit gewesen, also war er wohl doch nicht der richtige Mann für Fräulein Maus.

Vorsichtig fragte ihn Frau Maus deshalb: „Bist du auch wirklich der Mächtigste auf der Welt?"

„Leider bin ich das nicht", sagte der Mond. „Der Regen ist weit mächtiger als ich. Kaum zeigt er sich am Himmel, muß ich mich verstecken."

„Dann entschuldigen Sie uns", piepste Frau Maus, „wir können unsere Tochter nur mit dem Mächtigsten verheiraten."

Und sie gingen weiter zum Regen.

„Das Fräulein Maus ist wirklich eine Schönheit! Es wäre mir eine Ehre, sie zu heiraten", rauschte der Regen seine Antwort.

Und wieder fragte Frau Maus mißtrauisch: „Bist du wirklich der Mächtigste auf der Welt?"

„Leider bin ich das nicht", antwortete der Regen. „Der Wind ist weit mächtiger. Er kommt und bläst die Wolken weg, und es ist um mich geschehen."

„Dann entschuldigen Sie, aber wir können unsere Tochter nur mit dem Mächtigsten verheiraten."

Und sie gingen zum Wind.

Der Wind wirbelte vor Freude und heulte: „Das Fräulein Maus ist wirklich eine Schönheit. Es ist mir eine Ehre, sie zu heiraten."

Die Eltern fragten: „Bist du auch wirklich der Mächtigste auf der Welt?"

„Leider bin ich das nicht", gestand der Wind. Der Berg ist viel mächtiger als ich. Ich kann blasen, soviel ich will, und doch schiebe ich ihn nicht von der Stelle."

„Dann entschuldigen Sie bitte, daß wir Sie gestört haben."

Und sie gingen zum Berg.

Stolz reckte sich der Berg in die Höhe und rief: „Das Fräulein Maus ist wirklich eine Schönheit! Es ist mir eine Ehre, sie zu heiraten."

Und wieder fragte ihn Frau Maus: „Bist du auch wirklich der Mächtigste auf der Welt?"

„Leider bin ich das nicht. Meine Stärke ist nichts im Vergleich zu dem Büffel. Jeden Abend schleift er seine Hörner an mir, und wenn er so weiter macht, zerreibt er mich und macht mich dem Erdboden gleich."

Auch der Berg war also ihrer Tochter nicht würdig. „Dann entschuldigen Sie bitte", riefen sie ihm zu und liefen schnell zum Büffel.

Der Büffel brüllte vor Freude: „Das Fräulein Maus ist wirklich eine Schönheit! Es wäre mir eine Ehre, diese schöne kleine Maus zu heiraten."

„Bist du der Mächtigste auf der Welt?" fragte ihn Frau Maus.

„Leider bin ich das nicht", mußte der Büffel bekennen. „Der Strick ist mächtiger als ich. Ich muß dort hinlaufen, wohin er mich zieht."

„Dann entschuldigen Sie bitte, daß wir Sie gestört haben", sagte Frau Maus. „Wir können unsere Tochter nur dem Allermächtigsten auf der Welt geben."

Und sie gingen zum Strick.

Diesmal nahm Herr Maus das Wort: „Mächtiger Strick, willst du unsere Tochter zur Frau nehmen?"

„Das Fräulein Maus ist wirklich eine Schönheit! Es ist mir eine Ehre, sie zu heiraten."

Auch jetzt fragte Frau Maus mißtrauisch: „Bist du der Mächtigste auf der Welt?"

„Leider bin ich das nicht. Jede Nacht kommt ein junger Mäuserich, der hier unter den Steinen wohnt, und nagt an mir. Der ist mächtiger als ich."

„Dann entschuldigen Sie bitte", sagten die Mäuseeltern im Chor, und sie schlüpften hurtig ins Mauseloch.

Dort fanden sie einen jungen Mäuserich und sahen, daß er nicht nur stark, sondern auch sehr schön war! Und schnell richteten sie die Hochzeit aus.

Der junge Mäuserich war wirklich der richtigste Bräutigam für das schöne Fräulein Maus.

Das Hühnchen und der Kater

Es war einmal ein Hühnchen, dem jeder Wunsch von der Mutter erfüllt wurde. Einmal bettelte es wieder: „Mutter, bitte, back mir einen kleinen Kuchen."

Lächelnd meinte die alte Henne: „Warum nicht, bring mir nur Holzspäne herbei, damit wir den Ofen anheizen können."

Also lief das Hühnchen hinaus, sammelte Holzspäne, und als es genügend beisammen hatte, wollte es damit heimlaufen. Da kam von hinten ein Kater angeschlichen und streckte seine Krallen nach dem Hühnchen aus, um es zu packen und aufzufressen.

„Bitte, bitte, lieber Kater, tu mir nichts", bat das Hühnchen. „Wenn Mutters Kuchen fertig ist, will ich dir auch gern etwas abgeben."

„Gut!" fauchte der Kater.

Eilends lief das Hühnchen mit den Holzspänen heim und erzählte alles der Mutter.

„Fürchte dich nicht, mein Kindchen", tröstete es die alte Henne. „Ich backe einen so großen Kuchen, daß ihr beide dick und satt werdet."

Dann buk die Henne einen riesengroßen Kuchen und stellte ihn vor das Hühnchen.

„Iß dich satt, laß aber auch für den Kater etwas übrig!"

Doch der Kuchen schmeckte so gut, daß das Hühnchen alles vergaß. Es fraß und fraß, bis der ganze Kuchen alle war. Dann erst fiel ihm sein Versprechen ein, das es dem Kater gegeben hatte.

„Ich Unselige, was wird nur aus mir?" jammerte es vor der Mutter. „Ich habe den ganzen Kuchen aufgefressen!"

„Du kleiner unersättlicher Vielfraß", schimpfte die Henne. „Nun wird uns der Kater alle beide fressen."

„Vielleicht hat er's vergessen", suchte sich das Hühnchen zu trösten. „Vielleicht weiß er nicht einmal, wo wir wohnen, und findet uns nicht."

Die Worte waren noch nicht einmal ausgesprochen, da stapfte der Kater stolz zur Küche herein.

„Mutter, der Kater kommt!" rief das erschrockene Hühnchen. „Was tun wir jetzt?"

„Komm her zu mir", gackerte die Henne aufgeregt.

Schon von der Tür her schrie der Kater laut: „Wo ist mein Anteil vom Kuchen?"

Vergebens suchte die Henne ein Versteck in der Küche für sich und ihr Kind. Im allerletzten Augenblick hüpften sie in einen irdenen Topf und duckten sich ganz auf den Boden.

Der Kater fand in der Küche nicht die geringste Spur von der Henne und dem Hühnchen.

„Heda, wo habt ihr euch versteckt?" fauchte er wütend. „Wo ist mein Kuchenstück! Na, wartet nur! Na, wartet nur! Ich finde euch schon!"

Er lief durch die ganze Küche, guckte in jedes Eckchen und Plätzchen, wo man sich verstecken könnte, fand sie aber nicht.

Schließlich rief er: „Nun gut, ich weiß, daß ihr hier seid. Aber ich suche euch nicht länger, sondern warte einfach. Einmal müßt ihr ja aus eurem Versteck hervorkommen!"

Damit setzte er sich auf die Schwelle, machte sich's bequem und schnurrte und schnurrte vor sich hin.

Indes zitterten die Henne und ihr Kind ängstlich in dem tönernen Topf. Plötzlich spürte das Hühnchen ein Kitzeln in der Nase und flüsterte der Mutter ins Ohr: „Ich muß niesen."

„Still! Trau dich ja nicht!" flüsterte die ärgerliche Henne. „Der Kater hört dich und findet uns."

Nach einer Weile flüsterte das Hühnchen wieder: „Nur ein einziges Mal..."

„Nein!" sagte die Henne.

Ein Weilchen hockte das Hühnchen still, dann flüsterte es erneut: „Bitte, nur ein halbes Mal..."

„Schweig!" sagte die Mutter leise.

Aber das Kitzeln in der Nase wurde unerträglich, und das Hühnchen flüsterte: „Nur ein bißchen..."

Jetzt hatte die Henne die Geduld verloren und widersprach nicht länger: „Also gut!"

Da nieste das Hühnchen so stark, daß der Topf in tausend Scherben zersprang.

Der vor sich hin dämmernde Kater glaubte jedoch, es hätte gedonnert, und erschrak so sehr, daß er in mächtigen Sprüngen davonsauste.

Die Henne aber schritt munter und heil aus der Küche, und das Hühnchen folgte ihr mit stolzen Schritten.

Das schreckliche Devo

Es war einmal ein Hirt, der saß eines Abends in seiner kleinen Hütte. Schwere Regenwolken hatten den Himmel überzogen, und so war der Mond nicht zu sehen. Voll Mißmut schaute der Hirt zu seinem löchrigen Dach hinauf und überlegte laut:

„Wenn ein Dieb käme, wüßte ich mir schon Rat. Auch vor einem Tiger würde ich nicht erschrecken und an seinem Fell sogar noch verdienen. Wenn aber das Devo kommt, bin ich verloren."

Auf dem Dach saß bereits ein Dieb, und draußen hatte sich auch ein Tiger versteckt. Beide warteten nur darauf, daß der Hirt einschlummere, um sich dann ihre Beute aus der Herde zu holen. Doch keiner wußte etwas vom anderen.

Den Dieb hatten die Worte des Hirten unruhig gemacht, und er überlegte, wer wohl das schreckliche Devo sei, vor dem der Hirt sich so sehr fürchtete. Er wußte nämlich nicht, daß man in der Pali-Sprache für Regenguß Devo sagt.

Noch weniger wußte dies der Tiger, und so überlegte auch er, was für ein schreckliches Untier wohl das mächtige Devo sei, vor dem der Hirt eine so große Furcht hatte, obwohl er sich doch so leicht mit dem Dieb und mit dem Tiger zu helfen wisse.

In diesem Augenblick donnerte es fürchterlich, und schon kam ein dichter Platzregen herab. Der Dieb auf dem Dach erschrak so mächtig, daß er auf den Rücken des Tigers fiel. Und der Tiger glaubte, jetzt sei das schreckliche Devo auf ihn gesprungen, und raste voller Entsetzen in den Dschungel hinein. Der Dieb packte die Mähne des Tigers mit hartem Griff und hielt sich daran fest, weil er annahm, daß das schreckliche Devo jetzt mit ihm durch den Dschungel laufen und ihn in Stücke reißen würde, falls er herabfiele.

So lief der Tiger die ganze Nacht hindurch mit dem Dieb auf seinem Rücken durch den Dschungel. Erst im Morgengrauen entdeckte der Dieb, worauf er die ganze Nacht geritten war. Angst, daß ihn der Tiger auffressen könnte, schüttelte ihn. Da erblickte er einen großen hohlen Baum. Rasch machte er einen Satz durch die Luft und ließ sich in die Höhlung fallen.

Der Tiger aber, völlig entsetzt, rannte noch schneller, damit ihn der gräßliche Reiter nicht wieder einholen könne, und schrie aus voller Kehle: „Rettet euch, rettet euch! Das schreckliche Devo kommt! Es will uns alle zerreißen!“

Und er lief und lief, so schnell er konnte, bis endlich ein Affe ihn anhielt.

„Freundchen, warum hast du es so eilig?“ rief er ihm zu. „Verfolgt dich etwa einer?“

„Schlimm steht's, lieber Freund“, keuchte der abgehetzte Tiger. „Das schreckliche Devo kommt. Bin ihm nur mit knapper Not entronnen.“

„Was für ein Devo?“ wunderte sich der Affe. „Davon hab ich noch nie etwas gehört. Hast du vielleicht geträumt?“

„Nein, es ist die reine Wahrheit. Die ganze Nacht saß es auf meinem Rücken, krallte sich mit seinen Pfoten an meinen Hals und wollte mich erdrosseln. Endlich gelang es mir dann, es abzuwerfen und mich zu retten.“

„Ich glaub dir kein Wort, Freundchen.“

„Wenn du mir nicht glaubst, dann komm nur mit. Ich weiß genau, an welchem Baum ich es abwarf. Sicherlich lauert es jetzt dort auf andere Tiere.“

Gemeinsam kehrten sie zum hohlen Baumstamm zurück. Sie schnüffelten die ganze Gegend ab und stellten endlich fest, daß irgend etwas im Baum saß.

„Glaubst du mir jetzt?“ fragte der Tiger.

„Ich weiß zwar, daß etwas drinnen ist“, antwortete der Affe, „aber gar zu gern möchte ich wissen, wie es ausschaut.“

„Schrecklich ist das Devo. Gehen wir lieber weg“, schlug der Tiger vor.

Doch der Affe ließ nicht locker. Da einigten sie sich dann, so lange vor dem Baum zu warten, bis das, was drinnen war, vor Hunger herauskröche.

Sie setzten sich nebeneinander, lehnten sich mit dem Rücken an den Baum und warteten geduldig.

Drinnen saß still der Dieb. Er guckte durch die Ritzen und bemerkte, daß der Tiger immer noch vor Angst zitterte. Leise streckte er seinen Arm durch ein Loch, zog den Affen kräftig am Schwanz und hieb dem Tiger kräftig mit ganzer Faust auf den Rücken.

Vor Schreck sprangen beide Tiere auf und schrien, was ihre Kehle hergab: „Das schreckliche Devo-zieht-am-Schwanz-schlägt-auf-den-Rücken ist gekommen! Das schreckliche Devo-zieht-am-Schwanz-schlägt-auf-den-Rücken ist gekommen!“

Der Tiger und der Affe liefen und liefen und schrien und schrien, bis sie zum Kaninchen kamen, das gemütlich und friedlich auf der Wiese hockte.

„Wohin? Wohin so eilig, liebe Freunde?“ fragte es, obwohl es sehr gut verstanden hatte, was die beiden schrien.

„Das schreckliche Devo-zieht-am-Schwanz-schlägt-auf-den-Rücken ist in unseren Dschungel gekommen und will die Tiere zerreißen. Flieh, wenn dir dein Leben lieb ist.“

Das Kaninchen wiegte leise seinen Kopf und meinte dann: „Warum sollte ich weglaufen? Wer weiß, wovor ihr so erschrocken seid.“

Sie erzählten ihm nun alles, was passiert war, aber das Kaninchen wollte immer noch nicht recht daran glauben. Es bat sie, es doch an den fürchterlichen Ort zu führen. Weder der Tiger noch der Affe wollten eingestehen, daß sie Furcht hatten, und so machten sie sich dann alle drei wieder auf den Weg zu dem hohlen Baum.

Inzwischen war der Dieb aus dem Stamm herausgekrochen und auf die Baumspitze geklettert, um zu sehen, wo er sich befand und wie er am schnellsten aus dem Dschungel herauskäme. Plötzlich gewahrte er unter dem Baum den Tiger, den Affen und das Kaninchen. Schon glaubte er, das kluge Kaninchen sei ihm hinter die Schliche gekommen und der Tiger werde jetzt mit ihm abrechnen. Vor Angst begann er so zu zittern, daß er das Gleichgewicht verlor und mit schrecklichem Getöse auf die Tiere herabfiel. Schnell raffte er sich auf und lief auf der einen Seite davon, während Tiger, Affe und Kaninchen in die andere Richtung rannten.

Alle drei zu Tode erschrockenen Tiere brüllten dazu: „Das schreckliche Devo-zieht-am-Schwanz-schlägt-auf-den-Rücken-springt-auf-den-Kopf ist gekommen! Rette sich, wer kann!“

Das Kaninchen als Richter

Es waren einmal zwei Nachbarn, und der eine war der Weise und der andere der Dumme. Der Weise besaß eine Kuh und der Dumme eine Stute. Eines Nachts nun kalbte die Kuh des Weisen, und die Stute des Dummen fohlte.

Der Weise hatte einen leichten Schlaf, er erwachte und hörte das Kälbchen muhen und das Füllen wiehern. Also stand er auf, nahm seine Stallaterne und ging nachsehen. Im Stall des Dummen war alles dunkel geblieben. Aha, dachte der Weise, der Nachbar hat verschlafen.

Schnell nahm er sein Kälbchen, trug es hinüber zum Nachbarstall und nahm von dort das Füllen zu sich. Dies getan, begab er sich zufrieden wieder ins Bett und schlief weiter.

Am anderen Tage spazierte der Weise dann im ganzen Dorf umher und erzählte, daß seine Kuh gefohlt habe.

Das ganze Dorf lief zusammen und drängte sich neugierig vor dem Kuhstall, um das Fohlen zu sehen. Inzwischen hatte auch der Dumme das Kälbchen bei seiner Stute entdeckt und erriet sogleich, was nachts geschehen war. Doch stritt der Weise alles ab und überzeugte seinen dummen Nachbarn wirklich, daß es sich hier um ein Wunder der Natur handle.

„Nun gut", rief der Dumme entrüstet, „was aber sagst du zu dem Kälbchen in meinem Stall?"

„Ich meine, daß es sich auch hier um ein Wunder der Natur handelt", entgegnete der weise Nachbar ernsthaft.

Der Dumme suchte bei den anderen Dörflern Hilfe, die zuckten aber nur ihre Achseln.

Als der Dumme bei niemandem Gehör fand, schlug er dem Weisen vor, ins

Nachbardorf zu gehen, um dort den Streit zu schlichten. Auf dem Wege dorthin begegneten sie einem Kaninchen und baten es um einen Urteilsspruch.

Das Kaninchen war dazu gern bereit.

Nun erzählten der Weise und der Dumme, worum es ging.

Das Kaninchen hörte sie an, wiegte gedankenvoll den Kopf und erklärte schließlich: „Für einen so ernsten Fall habe ich jetzt nicht genügend Zeit. Ich werde zu euch kommen. Erwartet mich am siebten Tag morgens in der Frühe. Vergeßt auch nicht, Zeugen herbeizuschaffen."

Der Weise und der Dumme bedankten sich höflich und kehrten in ihr Dorf zurück.

Kaum warf die Sonne am siebten Tag ihre ersten Strahlen auf die Dächer der Hütten, als das ganze Dorf mitsamt dem Weisen und dem Dummen auf den Beinen war und auf das Kaninchen wartete. Die Sonne stieg höher und immer höher, bis es Mittag wurde, aber vom Kaninchen keine Spur. Auch der Mittag war vorüber, die Sonne wanderte langsam gen Westen, und erst als sie hinter dem Horizont verschwunden war, kam das Kaninchen angehoppelt. Noch immer hatte es sein Wort gehalten, und darum fragten die Dorfbewohner, weshalb es sich so verspätet habe, obwohl es sich ja nicht schickt, einem Richter solche Fragen zu stellen.

„Ich bitte um Vergebung", erwiderte das Kaninchen, „aber ein wundersames Ereignis hielt mich auf. Als ich in der Frühe zu euch eilte, entdeckte ich mitten im Fluß eine Sandbank in hellen Flammen. Ich erschrak und dachte, was bloß aus uns werden soll, falls sich das Feuer ausbreitet und unsern ganzen Fluß verbrennt. Darum trug ich den ganzen Tag Wasser in einem Flechtkorb, um das Feuer zu löschen."

Der Weise, der sehr stolz auf seinen Scharfsinn war, erkannte sogleich, daß das Kaninchen das gesamte Dorf auf die Probe stellte.

„Herr Richter", rief er fröhlich, „wie kann eine Sandbank mitten im Fluß brennen? Und wie kann man Wasser in einem Flechtkorb tragen? Nein, so etwas ist unmöglich, und darum kann man es auch nicht glauben!"

„Du sprichst die reine Wahrheit", entgegnete das Kaninchen. „Aber wie kann eine Kuh fohlen und eine Stute kalben? Auch dies ist unmöglich! Nimm also dein Kälbchen zurück und gib dem Nachbarn sein Fohlen wieder."

Das Urteil gefiel allen Leuten im Dorfe so gut, daß sie seither immer das Kaninchen anriefen, wenn es zu einem Streit unter ihnen kam.

Wie der Kormoran seinen Schwanz einbüßte

Vor vielen Jahren lebte ein König, der über alle lebendigen Geschöpfe auf der Erde herrschte. An seinem Hofe dienten Menschen, Vögel, zahmes und wildes Getier und Fische. Auch der Kormoran gehörte zu seinen Höflingen. Dieser Vogel war besonders stolz auf seine Schönheit. Würdevoll stolzierte er im Herrscherpalast umher und wedelte ernst mit seinem langen Schwanz. Dieser Schweif war wirklich bewundernswert. An seinem Ende war er geteilt und mit schwarzen Flecken geziert, wie alle seine Federn.

Eines Tages befahl der Herrscher alle seine Untertanen zu sich in den Palast, damit sie sich ihm vorstellten. Als der Gründling sich in den Thronsaal begab, erblickte er am Eingang den Kormoran. Vor Schreck hätte sein Herz fast zu schlagen aufgehört, denn die Kormorane ernähren sich von Fischen und verspeisen am liebsten Gründlinge. Dann fiel ihm aber ein, daß ein strenges Gesetz die Einhaltung von Frieden in der Hauptstadt gebot, und er beruhigte sich wieder.

Auch der Kormoran hatte den Gründling entdeckt, und beim Anblick dieses Leckerbissens lief ihm der Speichel im Schnabel zusammen. Rechtzeitig fiel ihm ein, daß ihm eine Hochverratsklage und die Hinrichtung drohe, falls er den Gründling auch nur anrühre. Aber die Furcht und Unsicherheit, die dem Gründling schon von weitem anzumerken waren, reizten den Kormoran so sehr, daß er ihn zumindest ein bißchen erschrecken mußte. Er stellte sich vor ihn hin, blickte ihn starr an, und als der Gründling hinaufsah, zwinkerte der Kormoran mit dem linken Auge. Der Gründling schrie laut auf, lief aus dem Palast und beeilte sich, nach Hause zu kommen. Aber leider wurde das unselige Fischlein sofort gefangengenommen und des Hochverrats beschuldigt.

„Warum hast du die Ordnung gestört und den Palast ohne meine Erlaubnis verlassen?“ fragte der Herrscher drohend.

„Euer Majestät“, antwortete der Gründling erschrocken, „am Eingang des Thronsaals stand mein Erzfeind, der Kormoran, und sah mich so an, als wolle er mich im nächsten Augenblick verschlingen.“

Weil die eingehende Untersuchung dann die Worte des Gründlings bestätigte, wurde er begnadigt. Dem Kormoran wurde eine Strafe auferlegt, weil er das arme Fischlein so zu Tode geängstigt hatte. Noch am selben Abend sollte er ein Gastmahl zu Ehren des Gründlings geben.

Der Kormoran gab also das Gastmahl und bewirtete den Gründling so großzügig mit den verschiedensten Weinsorten, daß das Fischlein am Schluß betrunken einschlief. Da riß ihm der niederträchtige Kormoran den Schwanz aus und versteckte ihn im Geäst eines Baumes. Er wollte sich daran gütlich tun, sobald der Gründling den Schwanz nicht mehr suchte.

In der Frühe erwachte der Gründling. Plötzlich entdeckte er, daß ihm sein Schwanz fehlte, und er fing bitterlich zu weinen an. Der Kormoran versicherte ihm jedoch, daß Diebe, wie sie in jeder Stadt so zahlreich sind, den Schwanz gestohlen hätten. Der Gründling ließ sich aber nicht irreführen. Er erkannte, daß der Kormoran ein falsches Spiel mit ihm trieb, und ging vor Gericht.

Nachdem alle Zeugen gehört worden waren, fällte das Gericht seinen Spruch: „Weil der Hausherr für Leben und Eigentum seines Gastes die Verantwortung trägt, ist der Kormoran verpflichtet, dem Gast den erlittenen Schaden zu ersetzen, also muß er dem Gründling seinen eigenen Schwanz geben.“

Auf der Stelle schnitt man dem Kormoran den Schwanz ab und befestigte ihn am Schwanzende, das dem Gründling geblieben war.

Seither hat der Gründling ein geteiltes Schwanzende mit schwarzen Flecken, obwohl an seinem übrigen Körper kein schwarzer Fleck zu finden ist.

Der Kormoran wagte es nicht mehr, den ausgerissenen Schwanz des Gründlings vom Baum herunterzuholen, weil alle sonst gesehen hätten, daß er selbst der Dieb war. Deshalb hat der Kormoran bis zum heutigen Tage keinen Schwanz mehr.

Warum die Krähe klein ist

In alten Zeiten lebte einmal ein Herrscher, der über alle Menschen und alle Lebewesen auf Erden regierte. Weil er gerecht und freundlich war, liebten ihn alle seine Untertanen und gehorchten ihm. Aber natürlich gab es auch ein paar Mißmutige in seinem Reich. Doch der Herrscher besaß riesengroße Kräfte, und schon der Anblick seiner Faust genügte, um auch die Schlimmsten kleinzukriegen. Dennoch geschah es einmal, daß sich eine Krähe gegen ihn auflehnte.

Damals war die Krähe nämlich ein sehr großer und mächtiger Vogel und hielt sich für klüger als alle Vögel. Deshalb hatte sie es sich in den Kopf gesetzt, König aller Vögel zu werden, und machte sich sofort ans Werk. Die einen gewann sie durch List für sich, die andern überrumpelte sie mit ihrer Stärke, so daß sie schließlich über alle Vögel herrschte. Aber auch das war ihr noch zuwenig. Nun strebte sie nach der Herrschaft über die Menschen. Sie versammelte also ihre Vogelarmee und zog in die Hauptstadt des großen und gerechten Königs.

Der König, der wußte, daß die Krähe sich alle Vögel mit List oder Gewalt unterjocht hatte, wollte die Vögel nicht töten und berief sein Heer nicht ein, sondern trat ganz allein der Krähe und ihrer Vogelarmee entgegen.

„Hör zu, Krähe", sagte der große Herrscher, „ich will weder dich noch diejenigen, die mit dir gekommen sind, vernichten. Wenn du mich um Verzeihung bittest und dein Heer nach Hause schickst, werde ich dich begnadigen."

„Gib lieber zu", rief die unverschämte Krähe, „daß du dich vor mir fürchtest! Ich bin die mächtige Krähe."

Da hielt ihr der König seine große Faust vor die Augen.

„Ha, ha", lachte die Krähe verächtlich, „das soll eine große Faust sein? Im Vergleich zu mir ist es ein Stecknadelkopf!"

Diese Beleidigung war zuviel für den Herrscher, er verlor seine Geduld und sagte: „Dein Leben nehme ich dir nicht, Krähe, aber für diese Unverschämtheit sollst du büßen. Allzuviel bildest du dir auf deine Größe ein und lachst über meine Faust. Darum verfluche ich dich. Von nun an sollst du nicht größer als meine Faust sein!“

Schon sperrte die Krähe ihren Schnabel wieder zu einer neuen Unverschämtheit auf, aber ihr Körper schrumpfte zusammen bis zu der Größe der Faust des Königs. Als die andern Vögel dies sahen, erschraken sie gewaltig und baten den König um Verzeihung.

Die beschämte Krähe aber krächzte nur laut vor sich hin und flog geschwind von dannen.

Wie der Vogel Galon zum Salzarbeiter wurde

Einmal schwebte der große Adler Galon hoch in den Wolken und blickte hinunter auf die Erde. Da sah er die Schlange Naga durch den Wald kriechen. Sofort stürzte er hinab, um sie zu fressen.

Die Schlange spürte die Gefahr zur rechten Zeit und suchte ein Versteck. Nicht weit entfernt befand sich der König auf der Jagd, und schnell verwandelte sich Naga in einen Menschen und mischte sich unter das königliche Gefolge.

Galon wunderte sich zwar, daß Naga so plötzlich verschwunden war. Doch er konnte sich denken, was geschehen war, und verwandelte sich deshalb auch in einen Menschen, um sich dem Gefolge anzuschließen. Er ging zwischen den Höflingen und Dienern hin und her und schaute jedem ins Gesicht, weil er wußte, daß er Naga erkennen würde.

Da kam aber eine Karawane mit Kaufleuten des Weges gezogen. Höflich stellten sie sich an die Seite, um den König mit seinen Leuten vorbeizulassen, und bei dieser Gelegenheit lief die Schlange zu den Kaufleuten.

Deshalb konnte Galon die Schlange nicht finden. Er überlegte eine ganze Weile, bis er hinter Nagas Schliche kam, und eilte nun der Karawane nach. Die Kaufleute waren inzwischen fast bis ans Meer gelangt. Naga wußte nur zu gut, daß ihr Feind sie verfolgte, und suchte sich ins Meer zu retten. Sie nahm wieder ihre schreckliche Gestalt an und eilte über den Sandstrand zum Wasser. Auch Galon verwandelte sich wieder in einen Vogel und stürzte wie ein Pfeil seiner Beute nach. Aber er kam zu spät. Naga tauchte unter und kehrte heil in ihre Höhle auf dem Meeresgrund zurück.

Vor Zorn begann Galon heftig zu weinen, denn gar zu gern hätte er sich an der Schlange Naga gütlich getan.

Dann kam ihm der Gedanke, daß Naga früher oder später wieder aus dem

Meere auftauchen würde, und so beschloß er, hier auf sie zu warten. Galon war sich jedoch bewußt, daß er nicht in seiner echten Gestalt auf Naga warten könne, weil ihn die Schlange schon vom Meeresgrunde aus erkennen würde, und außerdem würden sich die Menschen vor ihm fürchten.

Deshalb verwandelte er sich wieder in einen Menschen und gesellte sich zu den Salzarbeitern aus dem nächsten Dorf.

Tagtäglich arbeitete nun der Vogel Galon wie alle Salzarbeiter am Meeresufer und hielt unaufhörlich in den Wellen Ausschau nach der Schlange Naga. Salz aus dem Meer zu gewinnen ist eine harte Arbeit, und der Vogel Galon wurde langsam alt und starb schließlich verdrossen, weil es ihm nicht gelungen war, die Schlange Naga zu fangen und zu fressen.

Der Goldsohn

In alten Zeiten lebten einmal zwei Schwestern. Eines Tages nun heiratete die ältere, und wenig später nur wurde ihr ein wunderschöner Sohn geboren. Nicht lange, da heiratete auch die jüngere. Sie brachte gleichfalls ein Kind zur Welt, doch leider war es kein Junge, sondern eine Schildkröte.

Entsetzt wollte die ältere Schwester das Geschöpf sogleich ins Meer werfen, das ließ die Mutter aber nicht zu. Sie nannte es ihren Goldsohn und hegte und pflegte es mit mütterlicher Liebe.

Die beiden wuchsen wie leibliche Brüder auf und hatten einander sehr lieb. Als der schöne Sohn sechzehn Jahre alt war, bat er seine Mutter, ihm ein Schiff zu kaufen, weil er Kaufmann werden wollte. Die Mutter war unter der Bedingung einverstanden, daß er seinen mißgestalten Vetter nicht mitnahm. Der Sohn wußte nichts darauf zu sagen und sah nur traurig drein; der Goldsohn hingegen erzählte überall herum, daß er sich vor dem Meere fürchte und nie auf einem Schiff fahren werde.

Kaum hatte die Tante das erfahren, richtete sie ein gutes Schiff für ihren Sohn aus. Der junge Kaufmann empfand nur geringe Freude, und je weiter er sich von der heimatlichen Küste entfernte, desto trauriger wurde ihm ums Herz. Er spazierte an Deck auf und ab, sah, wie die Meereswogen in der Morgensonne glitzerten, fand aber nirgends Ruhe und Frieden. Schließlich ging er in seine Kajüte, und dort entdeckte er seinen Vetter, den Goldsohn, der unter seinem Bett schlief. Seine Freude war unbeschreiblich.

Nach mehreren Tagen kam ein gewaltiger Sturm auf; haushohe Wellen trieben das Schiff zu einer Insel. Auf dieser Insel lebten Ungeheuer, Frauen, die Menschen fraßen. Die Schiffsmannschaft ging nichtsahnend an Land, um Trinkwasser zu holen. Derweilen hatten sich die bösen Geschöpfe in wunderschöne Frauen verwandelt und begrüßten die Männer so freundlich und nett, daß sich die Seeleute sogleich in sie verliebten. Der junge Handelsmann nahm die Königin zur Frau, und seine Leute bekamen die anderen.

Am Abend richteten die Menschenfresserinnen ein großartiges Festmahl her. Die Seeleute, müde vom Essen, Trinken und der vergnügten Unterhaltung, schliefen ein.

Nur Goldsohn, die Schildkröte, blieb wach und hörte eine der Frauen zu ihrer Königin sagen: „Herrin, erlaube uns, daß wir zwei oder drei Matrosen in den Wald schleppen und sie uns schmecken lassen."

Die Königin gab ihre Zustimmung.

Eine andere Frau schlug vor, für alle Fälle die größten Schätze, die sie besaßen, im Wald zu verstecken: erstens den Schrein, in dem die Leben aller Menschenfresserinnen versteckt waren, zweitens den Rubin, für den man ein ganzes Königreich kaufen konnte, und drittens die Trommel, die alle Wünsche erfüllte.

Auch hiermit war die Königin einverstanden.

Nun nahmen die Frauen drei betrunkene Seeleute und schleppten sie in den Wald. Goldsohn folgte ihnen heimlich.

Im Walde ließen sich die Frauen ihre Beute schmecken und vergruben dann die Menschenknochen. Hinterher versteckten sie ihre drei Schätze in der Krone einer schönen Palme. Danach gingen sie zurück, legten sich zu den übrigen Frauen und schliefen ein.

Goldsohn weckte sofort seinen Vetter und alle Seeleute und berichtete, was er gehört und gesehen hatte. Nur die drei Schätze erwähnte er mit keinem Wort. Aber man wollte ihm nicht glauben. Da führte Goldsohn alle in den Wald an den Ort, wo die Knochen ihrer Kameraden vergraben waren. Jetzt erst merkten die Männer, daß drei Kameraden fehlten, und erschraken furchtbar, denn nun wußten sie, daß die Ungeheuer alle nacheinander umbringen wollten.

„Habt keine Angst", sagte Goldsohn. „Geht jetzt leise einzeln aufs Schiff zurück, immer einer nach dem andern. Ich komme als letzter nach."

Goldsohn lief noch einmal zu der Palme zurück, auf der die Frauen ihre Schätze versteckt hatten, nahm diese an sich und gelangte noch im allerletzten Augenblick aufs rettende Schiff.

Inzwischen waren die Ungeheuer nämlich erwacht und sahen wutentbrannt, daß die Seeleute alle wieder an Bord des Schiffes waren, das sich schnell vom Ufer entfernte. Mit Riesensprüngen liefen die Frauen auf der Wasseroberfläche dem Schiff nach, und nichts mehr schien die Seeleute vor ihrem Untergang zu retten. Aber Goldsohn beobachtete alles mit scharfen Blicken. Dann nahm er den Schrein mit den versteckten Leben der Ungeheuer und hieb ihn in kleine Stücke. Im selben Augenblick versanken die Frauen und ertranken im Wasser.

Die Reise ging weiter. Nach vielen Tagen lief das Schiff in den Hafen einer großen Stadt ein. Die Seeleute gingen an Land. In dieser Stadt regierte ein König, der keinen Sohn besaß, sondern nur eine einzige Tochter. Der junge Handelsmann verliebte sich sofort in die wunderschöne Prinzessin und fragte seinen mißgestalten Vetter, was er tun solle, um sie zu gewinnen. Dieser ging sofort zum König, kaufte das gesamte Königreich für den Rubin und schenkte es seinem Vetter. Der wollte das Geschenk nicht annehmen. Goldsohn überzeugte ihn jedoch, wie glücklich er wäre, wenn sein Vetter die Prinzessin heirate und gerecht regiere. Da gab der junge Mann nach. Er heiratete die schöne Königstochter und regierte weise und gerecht, und alle Untertanen gewannen ihn von Herzen lieb.

Eine gute, schöne Zeit war jetzt angebrochen. Eines Tages jedoch erwachte in Goldsohn der Wunsch, seine Mutter wiederzusehen. Deshalb bat er seinen Vetter, ihn in die Heimatstadt reisen zu lassen. Zuerst wollte der König nichts davon hören, denn er liebte den mißgestalten Vetter allzusehr, und er schätzte auch dessen Verstand und gute Ratschläge, die ihm halfen, weise und gerecht zu regieren. Goldsohn blieb aber unerschütterlich, bis der König schließlich einwilligte.

Der häßliche Vetter nahm nun seine Zaubertrommel, hieb mit aller Kraft darauf und sagte: „Trommel, bring mich zu meiner guten Mutter!“

Wunder über Wunder! Sogleich fand er sich wieder bei seiner Mutter in der Heimat. Er erzählte ihr, was sich alles zugetragen hatte, und lebte nun wieder glücklich bei ihr.

Auch in diesem Königreich besaß der Herrscher eine hübsche Tochter, aber keinen Sohn. Schon aus sieben Nachbarländern hatten die Herrscher ihre Boten geschickt und um die Hand der Prinzessin anhalten lassen, aber alle hatte der König abgewiesen.

Eines Tages erblickte Goldsohn die Prinzessin und verliebte sich sofort in sie. Er ging heim zur Mutter, erzählte es ihr und bat sie, in den königlichen Palast zu gehen und für ihn um die Prinzessin zu freien. Die Mutter wollte nichts davon hören, da konnte ihr Sohn nicht mehr essen und schlafen. So blieb der Mutter nichts übrig, als in den Palast zu gehen und für ihn um die Hand der Prinzessin anzuhalten.

Als der König ihre Bitte angehört hatte, lachte er schrecklich. Dann sagte er: „Wenn es sich dein mißgestalter Sohn in den Kopf gesetzt hat, meine Tochter zu heiraten, soll er zwei Brücken bauen, eine goldene und eine silberne, die von eurem Hause bis zu unserem Palast reichen. Wenn die Brücken am siebten Tag, von heute an gerechnet, nicht fertig sind, wird ihm auf der Stelle der Kopf abgeschlagen.“

Die erschrockene Mutter eilte nach Haus und berichtete dem Sohn, was der König verlangte.

„Ist das alles?“ wunderte sich der Sohn. „Ängstige dich nicht, Mutter, vergiß nur nicht, mich am siebten Tag frühmorgens zu wecken.“

Damit ging er ruhig schlafen.

Kaum hatte es am siebten Tage gedämmert, weckte die Mutter ihren Sohn. Goldsohn nahm seine Trommel, hieb mit voller Kraft darauf und sagte: „Ich will, daß zwei Brücken, eine goldene und eine silberne, von unserem Haus bis in den Palast reichen sollen."

Urplötzlich standen die beiden Brücken da. Kühn trat Goldsohn vor den König und hielt um die Hand seiner Tochter an.

Natürlich wurmte es den König, daß ein mißgestaltes Geschöpf, eine Schildkröte, sein Schwiegersohn werden sollte, aber das einmal gegebene Wort konnte er nicht brechen. Sofort begann man im Palast alles für die Hochzeit vorzubereiten. Am Vorabend des Hochzeitstages erklärten die sieben beleidigten Herrscher der Nachbarschaft dem König den Krieg und fielen mit einem großen Heer in sein Land ein.

Der König befahl Goldsohn zu sich und sagte: „Du wirst jetzt mein Nachfolger, also ist es deine Pflicht, unser Königreich zu retten."

„Gut, mein König", erwiderte Goldsohn ruhig.

Danach ging er nach Hause, nahm seine Trommel und trommelte: „Ich wünsche mir ein mutiges Heer, das die Feinde aus unserem Königreich vertreibt!"

Plötzlich stand eine große Armee vor ihm, die, ohne zu zögern, die Heere der sieben Nachbarherrscher in die Flucht trieb.

Noch am selben Tage wurde dann die Hochzeit gefeiert. Alle Gäste jubelten und schlemmten, allein die hübsche Prinzessin blieb traurig. Sie schämte sich sehr, weil sie ein Ungeheuer zum Manne bekam.

Eines Morgens dann erwachte die Prinzessin als erste wie jeden Tag. Da sah sie einen wunderschönen Jüngling neben sich im Bett schlafen. Erschrocken sprang sie aus dem Bett. Vor dem Bett lagen Haut und Panzer der Schildkröte. Sofort wurde ihr klar, was das zu bedeuten hatte. Sie packte Haut und Panzer, lief in die Küche und warf alles ins Feuer. Im selben Augenblick kam der schöne Jüngling in die Küche gelaufen und schrie: „Ich brenne! Ich brenne!"

Die Prinzessin, die mehr erfreut als erschrocken war, begoß ihn mit kaltem Wasser, bis der Jüngling still wurde und sie anlächelte.

Von nun an blieb die goldene Schildkröte für immer ein wunderschöner Jüngling und lebte lange und glücklich mit seiner lieblichen Prinzessin.

Der Kopf

Es war einmal eine sehr arme Frau, und als ihr ein Sohn geboren wurde, war dieser eine Mißgeburt: nur ein Kopf ohne Körper! Der Vater schämte sich darüber so sehr, daß er ihn auf der Stelle umbringen wollte, aber die Mutter ließ das nicht zu: „Ein Kind, ob häßlich oder schön, ist nun mal ein Kind", erklärte sie.

Da fing der Junge zu reden an: „Ich danke dir, Mutter, und ich will dir immer ein guter Sohn sein und dich niemals im Stich lassen."

Die arme Frau erzählte den Nachbarn von ihrem seltsamen Sohn, und alle kamen, um ihn anzusehen, und nannten ihn dann einmütig den Kopf.

Einige Wochen gingen ins Land, und da sagte der Junge: „Mutter, bring mich in die Hauptstadt zum größten Kaufmann."

Die Mutter tat, wie ihr geheißen.

Beim Handelsherrn angekommen, sprach der Kopf wieder: „Hochgeehrter Kaufmann, gib meiner Mutter tausend Silberstücke, und ich will dein Sklave sein. Du kannst mich auf dem Markt als Monstrum allen Leuten zeigen und wirst daran gut verdienen."

Das leuchtete dem Kaufmann ein. Die Menschen drängten sich förmlich zu ihm, weil alle diesen seltsamen Kopf sehen wollten. In ganz kurzer Zeit hatte der Kaufmann seine tausend Silberstücke wieder eingenommen.

Eines Tages nun kam eine Flotte von sieben Schiffen in den Hafen. Da sagte der Kopf zu seinem Herrn: „Hochgeehrter Kaufmann, treu und brav habe ich dir bis heute gedient. Laß mich jetzt aufs Meer gehen, um dort Abenteuer zu suchen. Verkaufe mich für tausend Silberstücke an die Fremdlinge."

Obwohl der Kaufmann den Kopf inzwischen liebgewonnen hatte und es ihm schwerfiel, sich von ihm zu trennen, wollte er ihm doch die Freude nicht verderben und verkaufte ihn schließlich an einen von den sieben fremden Seefahrern.

Nachdem die Kaufleute ihre Ware in der Hafenstadt verkauft hatten, fuhren sie wieder aufs weite Meer hinaus.

Wenige Stunden nachdem sie den Hafen verlassen hatten, erhob sich ein gewaltiger Sturm, und das Schiff, auf dem sich der Kopf befand, blieb hinter den anderen zurück. Dieser Sturm dauerte drei Tage und drei Nächte. Als sich Wind und Wellen endlich beruhigt hatten, blieb das Schiff auf einer Stelle stehen.

Die Seeleute waren verzweifelt, weil sie nicht wußten, was zu tun sei, um ihre Fahrt fortzusetzen. Schließlich kamen sie zu dem Schluß, daß die Ursache ihres Mißgeschicks der Krüppel auf ihrem Schiff sei, und wollten ihn über Bord werfen.

Da sagte der Kopf: „Liebe Freunde, wartet noch ein bißchen. Bindet mich lieber an die höchste Spitze eures größten Mastes.“

Die Seeleute gehorchten, und nun fing der Kopf aus voller Kraft zu blasen an, und das Schiff kam schnell voran. Die dankbaren Seeleute freuten sich, weil sie ihre Fahrt fortsetzen konnten, und gaben dem Burschen seine Freiheit. Der Kopf blies aber mit voller Kraft weiter, bis sie zu einer wunderschönen Insel gelangten.

Dem Jungen gefiel die Insel so sehr, daß er sie sich gern ansehen wollte. Die Seeleute warnten ihn davor, das Ufer zu betreten, weil Riesen, Menschenfresser dazu, auf der Insel lebten. Der Kopf fürchtete sich aber nicht, und weil gerade wieder ein guter Wind blies, nahm er Abschied von den Seeleuten, die es nicht mehr weit bis zu ihrem Heimathafen hatten.

„Liebe Freunde, ich habe keine Angst. Setzt mich ruhig hier aus. Ihr braucht mich ja nicht länger, denn der Wind treibt euch jetzt weiter.“

Nur ungern gaben die Seeleute nach.

Allein am Meeresufer, wartete der Kopf geduldig darauf, was wohl geschehen würde. Den ganzen Tag über regte sich nichts, erst gegen Abend kamen die Menschenfresser baden. Er begrüßte sie höflich und unterhielt sich lange und freundlich, so daß sie sofort Gefallen an ihm fanden.

Glücklich und zufrieden lebte der Kopf lange Monate auf der wunderschönen Insel und lernte so mancherlei von den Riesen. Das wichtigste davon war eine Zauberformel.

Einmal saß der Junge im warmen Sonnenschein am Meeresstrand. Plötzlich gewahrte er wieder das Schiff, das ihn hergebracht hatte.

„Heda!“ rief er, „Freunde, heda! Kommt doch her zu mir!“

Als die Seeleute den Kopf erkannten, hielten sie Kurs auf die Insel, obwohl sie sich sehr vor den Riesen fürchteten, die sich neben dem Jungen eingefunden hatten. Die Riesen taten ihnen aber nichts zuleide und schenkten dem Jungen zum Abschied einen Korb voller Rubine.

Nicht lange, und sie kamen wieder im Hafen der Hauptstadt an. Der Kopf schenkte den Seeleuten seine gesamten Schätze und sagte: „Ihr bekommt noch mehr von mir, wenn ihr in meine Dienste tretet.“

Ohne zu zögern, willigten sie ein.

Nun befahl ihnen der Kopf, ihn in den Königspalast zu tragen.

Als sie sich dem Tor bis auf wenige Meter genähert hatten, schickte er einen Boten voraus. „Melde dem König: Wenn er mir nicht seine Tochter zur Frau gibt und mich nicht als Thronfolger einsetzt, werde ich den ganzen Palast zertrümmern.“

Die königlichen Räte eilten ans Tor, um den schrecklichen bösen Gast zu sehen. Wie laut lachten sie aber, als sie dort bloß einen Kopf fanden.

„Du bist doch nur ein Kopf ohne Körper, und deine Leute sind Vagabunden von einem alten Schiff!“ riefen sie höhnisch. Statt zu antworten, zog der Kopf seine Tabaksdose heraus und sagte die Zauberformel, die er von den Riesen gelernt hatte.

Im selben Augenblick sprangen Reiter aus der Tabaksdose und umringten den Palast.

Was sollte der König tun? Natürlich mußte er sich ergeben. Der Kopf wurde Thronfolger und erhielt die Prinzessin zur Frau.

Kaum waren die Hochzeitsfeierlichkeiten zu Ende, verwandelte sich der Kopf in einen Jüngling: Er hatte einen wohlgeformten kraftvollen Körper und ein schönes Gesicht.

Die junge Lotosblüte

In einem Dorf lebte einmal ein Fischer mit seiner Frau. Sie hatten eine wunderschöne Tochter. Von allen wurde sie die junge Lotosblüte genannt, weil sie eine so zarte Haut besaß. Zudem war sie auch fleißig im Haushalt und freundlich zu jedermann. Die Mutter liebte ihr Mädchen von ganzem Herzen, nur der Vater beachtete es nicht viel.

Eines Tages, als der Fischer zum Fang aufs Meer hinausfuhr, nahm er seine Frau mit. Lange Zeit fingen sie nichts. Da verfluchte der Fischer in seiner Verzweiflung die ganze Welt, während die Mutter überlegte, wie sie ihr Kind satt kriegen sollte. Endlich ging ihnen ein Fisch ins Netz, und die Frau rief sofort: „Den verkaufen wir nicht, der bleibt für Lotosblüte!“

Später fingen sie noch einen zweiten Fisch, und wiederum rief die Frau: „Auch dieser bleibt für Lotosblüte.“

Als der dritte Fisch im Netz zappelte, rief die Frau: „Was für ein hübsches Fischlein. Ich brate es für unser Mädchen!“

Da wurde der Fischer so wütend, daß er das Ruder mit aller Kraft aufs Wasser schlug. Sofort begann das Boot heftig zu schaukeln, die Frau fiel ins Wasser und tauchte nicht mehr auf. Der Fischer kehrte allein ins Dorf zurück und erklärte, daß seine Frau ertrunken sei.

Nicht lange, und der Fischer heiratete zum zweitenmal. Die Frau war Witwe und eine Hexe. Auch sie hatte eine Tochter; die war häßlich und voller Blatternarben und außerdem sehr böse. Als die beiden Frauen die schöne und gutmütige Lotosblüte erblickten, kochten sie vor Wut und Neid. Von Stund an konnten die beiden Frauen an nichts anderes mehr denken als daran, wie sie Lotosblüte demütigen und ihr Böses zufügen konnten. Die Stieftochter mußte die schwere Arbeit im Hause verrichten. Gutmütig und gewissenhaft arbeitete sie tagaus, tagein und ertrug auch die Beschimpfungen und Schläge von den beiden Frauen.

Einmal, als sie ihr hartes Los kaum noch ertragen konnte, schlüpfte sie aus der Hütte und lief ans Meer. Dort setzte sie sich auf den feuchten Sand und weinte und schluchzte. Plötzlich kam eine Schildkröte auf sie zu. Lotosblüte sah, daß in den Augen der Schildkröte auch Tränen standen. Da versiegten ihre eigenen Tränen, und sie nahm die Schildkröte in ihren Arm.

Von nun an ging Lotosblüte täglich nach dem Mittagessen an den Strand und tröstete sich dort, bis die Sonne unterging, mit der Schildkröte.

Dieses Glück dauerte aber nur wenige Tage, dann hatten die Stiefmutter und ihre häßliche Tochter herausgefunden, daß die schöne Stieftochter wieder froh geworden war. Heimlich schlichen sie ihr nach und sahen, daß sie am Strand mit einer Schildkröte vergnügt spielte.

Anderntags buk die Stiefmutter ungesäuertes Brot, ließ es an der Sonne trocknen und hart werden, und legte es dann unter ihr Bettuch. Mittags kam der Fischer zum Essen und fand die Hexe im Bett liegen. Sie drehte sich von einer Seite auf die andere, das harte Brot knackte unter ihr, und sie jammerte unaufhörlich: „Oh, wenn ich mich bewege, knackt und kracht es in meinem Innern. Gewiß muß ich sterben. Meine Knochen brechen!“

Der erschrockene Fischer wußte nicht ein noch aus.

„Den Arzt! Schnell den Arzt!“ stöhnte die Frau. Den Arzt hatte sie nämlich vorher bestochen.

Der Dorfarzt kam, untersuchte die Hexe und sagte zum Fischer: „Du mußt ihr Schildkrötenfleisch zu essen geben, dann werden ihre Schmerzen vergehen.“

„Welch ein Glück“, rief die Frau aus. „Die Tochter sagte, daß jeden Nachmittag eine große Schildkröte ans Land kommt. Die kannst du mühelos fangen.“

Die Stiefschwester führte den Fischer an den Strand. Dort saß Lotosblüte mit der Schildkröte im Arm.

Roh riß der Fischer der eignen Tochter die Schildkröte aus der Hand und ließ sich weder von ihren Bitten noch von ihren Tränen erweichen. Er tötete das Tier sofort und befahl dem Mädchen, es zu kochen.

Die arme junge Lotosblüte mußte eigenhändig das Schildkrötenfleisch für ihre Stiefmutter zubereiten. Es war so viel Fleisch, daß mehr als hundert Teller damit gefüllt werden konnten.

Als das Essen fertig war, sprang die Hexe aus dem Bett und sagte, daß schon der Duft sie gesund mache. Sie rief Mann und Tochter zu Tisch und mit schadenfrohem

Lächeln auch die Stieftochter. Das Mädchen rührte das Essen nicht an und redete sich damit heraus, daß ihr übel sei.

Weil aber immer noch Fleisch vorhanden war, entschied die Stiefmutter, auch die Nachbarn zu bewirten. Die Nachbarn hatten die neue Fischerfrau nicht gern, weil sie gar so böse mit Lotosblüte umsprang. Deshalb wollte die Stiefmutter sie durch ihre Großzügigkeit für sich gewinnen. Sie befahl der Stieftochter, in jedes Haus einen Teller voll Fleisch mit einem Gruß von ihr zu bringen.

In jedem Haus sagte man zu dem Mädchen: „Vielen Dank, liebe junge Lotosblüte."

Und sie antwortete: „Bitte, essen Sie das Fleisch für Ihre gute Gesundheit, legen Sie aber die Knöchelchen vors Tor; später komme ich sie einsammeln."

Spät nachts sammelte dann Lotosblüte alle Knöchelchen ein und vergrub sie vor ihrer Hütte, wobei sie sagte: „Zur Erinnerung an meine unglückliche Mutter, die ich so lieb hatte. Möge an dieser Stelle ein Baum mit goldenen und silbernen Früchten wachsen!"

In der Frühe sahen die Nachbarn, daß vor dem Hause des Fischers ein ungewöhnlicher Baum mit wunderbaren Früchten stand. Der König, der sich auf der Jagd befand, ritt gerade vorbei.

Verwundert sagte er: „Wie ist das möglich, ein Baum mit goldenen und silbernen Früchten? Wem gehört er?"

Da trat die Stiefmutter auf die Schwelle und erwiderte: „Der Baum gehört meiner Tochter, Herr!"

„Rufe sie", befahl der König.

Als die Stiefschwester kam, fragte er sie: „Gehört dieser Baum dir?"

„Ja, Herr."

„Wenn das wahr ist, pflücke mir eine Frucht ab, und dann kommst du mit mir."

Die Stiefschwester kletterte auf den Baum und packte eine Frucht mit der Hand; aber so sehr sie auch zog und riß, sie konnte sie nicht abpflücken.

„Nein, das ist nicht dein Baum", sagte der König finster und wandte sich an die anderen Leute.

„Ich will wissen, wem dieser Baum gehört!"

„Vielleicht gehört der Baum der jungen Lotosblüte", antworteten die Nachbarn. Der König befahl, Lotosblüte zu holen.

„Die guten Leute hier sagen, daß dieser Baum dir gehört. Kannst du es beweisen?" fragte der König.

Das Mädchen stand unter dem Baum und sagte: „Wenn dies mein Baum ist, sollen alle Früchte in meine Schürze fallen."

Da regnete es goldene und silberne Früchte in ihre Schürze.

Der König nahm Lotosblüte zur Frau und führte sie sogleich auf einem Elefanten mit in die Hauptstadt.

Die Stiefmutter und ihre Tochter knirschten wütend mit den Zähnen. Dann hackten sie den Baum ab und verbrannten ihn. Tag und Nacht dachten sie nur daran, wie sie Lotosblüte umbringen könnten.

Nachdem ein paar Wochen vergangen waren, schrieben sie einen Brief an Lotosblüte, in dem sie um Verzeihung baten, und luden sie zu Besuch ein. Lotosblüte schenkte ihnen Glauben und machte sich auf die Reise. Sie nahm lediglich drei Diener mit und schickte selbst diese zurück, als sie sich der väterlichen Hütte näherten. Sie wollte sich nicht vor ihren Freunden und Nachbarn als hochmütig zeigen. Den Dienern trug sie aber auf, in einem Monat wiederzukommen, um sie abzuholen.

Die Stiefmutter und ihre Tochter nahmen sie freundlich auf, vergossen sogar ein paar falsche Tränen, dachten aber in Wirklichkeit nur daran, wie sie Lotosblüte aus der Welt schaffen könnten.

Eines Tages beim Mittagessen ließ die Hexe einen Löffel zu Boden fallen, und die höfliche junge Lotosblüte bückte sich sofort danach, obwohl sie ja jetzt die Königin war. Da goß die Stiefmutter einen Kessel mit kochendem Wasser über sie. Lotosblüte verwandelte sich in einen weißen Vogel und flog zum Fenster hinaus.

Der Monat war um, und die Diener kamen, um ihre Königin abzuholen. Die Tochter der Stiefmutter hatte die goldbestickten Kleider der jungen Lotosblüte angezogen und empfing sie.

„Du bist unsere Königin?“ riefen die Diener überrascht.

„Ja“, antwortete sie. „Erkennt ihr mich denn nicht? Gleich nachdem ihr gegangen seid, bekam ich die Blattern. Davon rühren die Narben im Gesicht her.“

Die Diener schüttelten ihre Köpfe und glaubten ihr nicht, brachten sie aber dennoch in den Palast zurück.

„Du sollst meine Lotosblüte sein?“ rief der König erzürnt. „Wo hast du denn deine zarte Haut gelassen?“

„Mein Herr“, antwortete die Tochter der Stiefmutter, „ich habe die Blattern bekommen. Da welkte Lotosblüte. Willst du mich deshalb verstoßen?“

„Du bist nicht meine Lotosblüte, deine Stirn ist viel zu platt gedrückt!“

„Ich sehnte mich nach dir, mein Herr“, antwortete die falsche Tochter. „Als ich weinte, schlug ich oft die Stirn gegen die Wand, davon ist sie platt.“

„Deine Nase ist häßlich und lang“, schrie der König.

„O Herr“, wehrte sie ab, „ich habe so viel um dich geweint, daß ich mir oft die Nase putzen mußte. Davon wurde sie lang und häßlich.“

Doch der König glaubte ihr noch immer nicht. Er erinnerte sich daran, daß seine junge Lotosblüte sehr schön weben und nähen konnte. Daher befahl er dem ungebetenen Gast, ein neues Gewand für ihn zu weben und zu nähen. Nun wurde der Stiefschwester angst und bange, denn sie konnte weder weben noch nähen. Zitternd setzte sie sich an den Webstuhl.

Selbst jetzt noch half Lotosblüte ihrer bösen Stiefschwester, weil sie wünschte, daß ihr Gemahl immer schön gekleidet war. Der kleine weiße Vogel kam in den Palast, packte mit seinem Schnabel einen Faden und webte.

Still saß die Stiefschwester, bis die Arbeit fertig war, dann stach sie den kleinen Vogel mit einer Nadel und betäubte ihn. Sogleich rief sie nach dem Koch und befahl ihm, den Vogel zu braten.

Am Abend sagte die böse Stiefschwester zum König: „Mein Herr, ich hätte dir noch ein viel schöneres Gewand genäht, wenn mich nicht ein Vogel gestört hätte, der zum Fenster hereinflog.“

Der König konnte seine Augen nicht von dem wunderschönen Gewand losreißen, spürte aber dennoch in seinem Herzen, daß er getäuscht worden war. Aber er sagte nichts.

Zum Abendessen legte man dem König den kleinen Vogel vor.

„Was ist das?“ fragte er.

„Der nichtswürdige Vogel, der mich beim Weben störte; ich stach ihn mit einer Nadel und ließ ihn für dich braten“, antwortete sie.

„Armes Vögelchen“, sagte der König und befahl, die Speise abzutragen.

Auch dem Diener tat das Vögelchen leid, deshalb aß er es nicht, sondern begrub es hinter der Küche.

Am andern Tag war an dieser Stelle ein Quittenbaum gewachsen.

Die böse Stiefschwester, für die alle Bäume, die über Nacht wuchsen, verdächtig waren, verhörte die gesamte Dienerschaft streng, aber keiner vermochte ihr etwas zu sagen. Nur der Diener, der bei Tisch bediente, dachte sich, daß der Quittenbaum wohl irgendwie mit dem Vögelchen zusammenhing, das er an dieser Stelle begraben hatte. Weil er sich aber vor der Königin fürchtete, sagte er kein Wort.

Nun kam ein Greis mit seinem Weib in die Küche des Königs. Sie brachten Reisig. Als sie fertig waren, setzten sie sich unter den Quittenbaum, um sich auszuruhen. Plötzlich fiel eine schwere Frucht in den Schoß der alten Frau.

„Ein Glück, daß sie mir nicht auf den Kopf plumpste“, lachte sie und steckte das unerwartete Geschenk ein, um sich am Abend daran gütlich zu tun.

Abends zu Haus bemerkten die alten Leute dann, daß die Quitte noch grün war. Also legten sie die Frucht in einen irdenen Topf, um sie reifen zu lassen.

Bei Morgengrauen erhoben sich die beiden Alten wie gewöhnlich von ihrem Lager, um in den Wald zu gehen und Reisig zu sammeln. Zum Frühstück kehrten sie in ihre Hütte zurück. Verwundert sahen sie, daß inzwischen jemand das Haus gekehrt und den Tisch gedeckt hatte. Sie suchten alle Ecken ab, fanden aber keine Spuren. Am andern Morgen wiederholte sich alles.

„Morgen erfahren wir es", flüsterte der Alte nachts seiner Frau ins Ohr. „Ich weiß schon, wie..."

Er stand noch vor Morgengrauen auf, stieß seine Frau in die Seite und schrie überlaut: „Aufstehen, alter Faulpelz! Heute gehen wir früher in den Wald, damit wir mehr Reisig sammeln."

Die Alte wußte sogleich, was die Glocke geschlagen hatte, und sagte genauso überlaut: „Der Faulpelz bist du! Komm, gehen wir!"

Stöhnend gingen sie hinaus, um nach einer Weile heimlich und leise zurückzukommen und sich hinter der Tür zu verstecken. Als die Sonne aufging, sahen sie ein winziges Mädchen aus dem irdenen Topf springen und in der Küche umherlaufen.

„Sie kommt aus der Quitte!" flüsterte die Alte. „Ich fang sie mir."

Dann nahm sie einen Rock, stellte sich neben den irdenen Topf und rief: „He!"

Das Mädchen erschrak und stürzte zum Topf zurück, aber die Alte warf den Rock über sie. O Wunder! Das Mädchen aus der Quitte fing plötzlich zu wachsen an.

„Unsere Königin!" riefen da der Alte und seine Frau, denn sie erkannten plötzlich Lotosblüte. „Sofort gehen wir zu unserm Herrscher."

„Nein! Nicht!" widersetzte sich Lotosblüte.

Sie sehnte sich sehr nach ihrem Mann, aber die Stiefschwester tat ihr leid. Lange mußten sie der Alte und seine Frau bitten, bis sie endlich einwilligte. Und dann machten sich alle drei auf den Weg zum königlichen Palast.

Als sie ankamen, hatte der König gerade Empfangstag. Sofort erkannte er seine Lotosblüte und freute sich über die Maßen. Er war nicht einmal allzu überrascht, denn in seinem Herzen hatte er immer gewußt, daß sie zu ihm zurückkehren würde.

„Ich bin Lotosblüte! Ich! Nur ich!" schrie die böse Stiefschwester. „Die andere ist eine Betrügerin und Hexe!"

Um sie zum Schweigen zu bringen, erzählten der Alte und seine Frau, wie sie Lotosblüte gefunden hatten.

„Habe ich etwa nicht recht?“ rief die ungebetene Frau siegesbewußt. „Sie kam aus der Quitte. Also ist sie eine Hexe!“

Jetzt erzählte aber Lotosblüte, wie alles gewesen war.

„Ich verlange das Gottesgericht“, schrie die Stiefschwester. „Der Himmel soll unseren Streit schlichten.“

Das Gottesgericht besagte, daß die streitenden Parteien einen Wettkampf miteinander führen müßten. Die beschuldigende Person mit einem Schwert aus Eisen und die beschuldigte Person mit einem Schwert aus Holz. Man nahm nämlich an, wenn der Beschuldigte im Recht sei, so würde er auf jeden Fall gewinnen. Die böse Stiefschwester glaubte allerdings nicht daran und hoffte auf diese Weise einfach mit Lotosblüte abzurechnen.

Der König und seine Hofräte zweifelten keinen Augenblick, daß das Mädchen aus der Quitte die echte Königin sei, und wollten sie gar nicht dieser grausamen Prüfung unterziehen. Aber was sollten sie tun? Nicht einmal der König durfte dieses uralte Gesetz brechen. Er befahl also den Dienern, die Schwerter zu bringen. Lotosblüte bekam das hölzerne Schwert.

„So wahr ich die richtige junge Lotosblüte bin“, sagte sie und blickte der bösen Stiefschwester kühn in die Augen, „wird mich das Schwert meiner Stiefschwester nicht verletzen.“

Damit senkte sie ihr hölzernes Schwert. Und die Tochter der Stiefmutter hieb mit dem eisernen Schwert auf sie ein, doch wo immer das Schwert Lotosblüte berührte, wurde es weich wie Samt. Plötzlich aber riß sich das hölzerne Schwert aus der Hand der jungen Lotosblüte los und tötete die böse Stiefschwester.

Krokodil Regenwolke

Es war einmal ein alter Fischer, der mit seiner Frau im Delta des Irawadiflusses lebte. Eines Tages ging er mit seiner Frau zum Fischfang, und als sie mit vereinten Kräften das Netz aus dem Wasser holten, fanden sie darin ein Krokodilei. Hinter ihrer Hütte befand sich ein kleiner Teich, in den sie das Ei legten. Nicht lange, und ein kleines Krokodil schlüpfte aus. Weil die Fischerleute keine Kinder besaßen, freuten sich sich sehr über das Krokodil; es wuchs ihnen wie ein leiblicher Sohn ans Herz. Sie gaben ihm den Namen Regenwolke.

Nach ein paar Monaten war Regenwolke so gewachsen, daß ihm der Teich zu eng geworden war. Also machte der Fischer im Fluß in der Nähe seiner Hütte ein Gehege für ihn. Nach zwei Jahren war Regenwolke so groß, daß der Fischer die Einzäumung wegnehmen mußte.

Er sprach zur Regenwolke: „Söhnchen, ich muß den Zaun niederreißen. Schwimm, wohin es dir behagt. Aber jeden Mittag um zwölf komme ich und rufe nach dir und gebe dir zu fressen. Damit wir wissen, daß du gesund und am Leben bist.“

So geschah es auch. Jeden Mittag ging der alte Fischer – manchmal allein, manchmal mit seiner Frau – ans Ufer und rief: „Regenwolke! Regenwolke!“

Sofort tauchte das Krokodil aus dem Wasser und nahm sein Futter aus der Hand des Fischers. Ein paar Monate ging alles gut. Dann war das Krokodil so verwildert, daß es sich einbildete, der Mächtigste auf der Welt zu sein; dabei herrschte es nur über einen Arm im Delta des Irawadiflusses. Dieser Flußarm heißt bis heute „Das Reich der Regenwolke“.

Einmal vergaß der Fischer, Regenwolke zu füttern. Das Krokodil war darüber schwer gekränkt, und sein Herz verstockte sich im Zorn. Das Futter von seinen Eltern sah es nicht mehr als eine Gabe, sondern als eine ihm zustehende Steuer an.

Am nächsten Tag, als der Alte wieder allein an den Fluß kam und rief: „Regenwolke! Regenwolke! Söhnchen...“, schwamm das Krokodil ans Ufer und schnappte nach dem Bein des Alten.

„Was tust du?“ fragte der Fischer erschrocken.

„Gestern hast du mir meine Steuer nicht gebracht. Dafür freß ich dich jetzt!“

„Lieber Sohn, vergiß nicht, daß ich dich aufgezogen habe“, bat der Alte.

„Möglich, daß du recht hast. Aber trotzdem freß ich dich jetzt.“

„Dann erlaube mir zumindest, noch einmal zu beten“, sagte der Fischer.

Damit war Regenwolke einverstanden.

Der alte Fischer sagte nun leise vor sich hin: „Ich habe mir nichts zuschulden kommen lassen und verdiene auch nicht den Tod. Wie dem auch sei, laß mich das nächste Mal als Zauberer auf die Welt kommen, damit ich das undankbare Krokodil bestrafen und töten kann.“

Danach rief er laut: „Ich bin bereit!“

Nun zerriß das Krokodil den Alten und fraß ihn auf.

Dann durchfurchte Regenwolke das Delta des Irawadi. Schon sein Name rief überall Angst hervor, weil er alles, was ihm in den Weg kam, auffraß.

Jahre vergingen, und selbst das Krokodil veränderte sich. Die Jugend mit ihren Irrungen und Leidenschaften war vorüber, und wieder fing Regenwolke an, die Menschen gern zu haben. Vielleicht auch, weil ihm seine glückliche Kindheit in den Sinn kam. Es bedauerte sogar, daß es den alten Fischer getötet hatte, und freundete sich wieder mit den Menschen an, und die Menschen hatten es auch gern.

Es hatte die Menschen so gern, daß es sogar die Liebe des Krokodilfräuleins, das die Braune hieß, zurückwies. Darüber war die Braune so böse, daß sie Regenwolke mit ihrem Haß verfolgte.

Wenn ein Krokodil hundert Jahre alt geworden ist, darf es Menschengestalt annehmen. Kaum hatte Regenwolke dieses Alter erreicht, verwandelte er sich in einen Menschen und wurde Kaufmann. Landauf, landab am Irawadidelta gab es keinen Ort, den er nicht aufsuchte. Auf seinen Geschäftsreisen begegnete er einem wunderschönen Mädchen, das er später heiratete. Sie verbrachten so manches glückliche Jahr miteinander.

Damals kam auch der alte Fischer zum zweitenmal auf die Welt. Mit sechzehn Jahren wurde er Zauberer. Nun konnte er es kaum erwarten, sich endlich an Regenwolke zu rächen. Also begab er sich an den Fluß, berührte das Wasser mit seinem Zauberstab und befahl: „Regenwolke, komm sofort zu mir!“

Regenwolkes Heim lag viele Meilen entfernt, aber er vernahm den Ruf und wußte auch sogleich, daß der Tod an seine Tür geklopft hatte, vor dem es kein Entrinnen gab. Beim Abschied verriet er seiner Frau, wer er war und welches Schicksal ihn jetzt erwarte.

„Regenwolke, sofort zu mir!“ hörte er die Stimme wieder.

Arme Regenwolke. Tränenden Auges nahm er von seinem Weib Abschied, verwandelte sich in ein Krokodil und begab sich zum Fluß.

Der Zauberer schlug zum drittenmal mit seinem Stab aufs Wasser und rief: „Regenwolke, sofort zu mir!“

Als Regenwolke beim Zauberer ankam, tötete ihn dieser mit einem Schlag. Die Hälfte des Krokodils, die sich im Wasser befand, verwandelte sich in reines Gold, die andere Hälfte, die bereits auf dem Ufer war, verwandelte sich in Rubine.

Der alte Fischer, der ja jetzt ein Zauberer war, wurde aber nicht froh über seine Rache. Traurig ging er fort, ließ Gold und Edelsteine liegen, rührte sie nicht einmal an.

Später ließ dann Regenwolkes Witwe dort, wo ihr Mann den Tod gefunden hatte, eine prächtige Pagode bauen.

Das große Ei

Der König und seine hohen Würdenträger warteten auf ein freudiges Ereignis. Sie waren im Thronsaal versammelt, aus dem man zwei Schnüre ins Gemach der Königin gespannt hatte – eine goldene und eine silberne.

Sie warteten ungeduldig auf das Zeichen, ob ein Sohn oder eine Tochter zur Welt gekommen war. Plötzlich bewegten sich beide Schnüre zaghaft.

„Zwillinge!“ riefen alle.

Bald jedoch kam ein Bote und überbrachte dem König die Nachricht, daß die Königin ein großes Ei geboren habe und weil sie nicht wußte, was sie nun machen sollte, hatte die Hebamme an beiden Schnüren gezogen.

Der König war vor Scham und Kummer außer sich und befahl, das Ei in den Fluß zu werfen. Er verließ die Königin, ließ ihr den Kopf kahlscheren und sie mußte von nun an dem Obergärtners im Gemüsegarten helfen.

Das große Ei schwamm davon, bis es schließlich auf eine alte Menschenfresserin, die im Fluß badete, zuschwamm. Die packte es gierig, trug es nach Hause und freute sich auf den Leckerbissen. In der Küche fiel ihr das Ei jedoch auf den Boden und ein Bübchen sprang heraus. Der Menschenfresserin gefiel der Kleine so gut, daß sie ihm sagte, sie sei seine Mutter. Das Bübchen glaubte ihr und sie lebten glücklich zusammen.

Einmal wollte die Alte in den Dschungel gehen.

„Söhnchen“, sagte sie, „ich werde den ganzen Tag nicht daheim sein. Daß du mir ja nichts anstellst! Klettere nicht auf den Wachtturm! Geh nicht in den Keller! Und wage nicht, in die Küche zu gehen!“

Kaum war die Alte aus dem Haus, kletterte der Knabe auf den Wachtturm und entdeckte dort einen gefesselten Greis.

„Wer bist du?“ fragte der Knabe.

„Ich bin ein Gefangener der Menschenfresserin“, antwortete der Greis. „Bald werde ich sterben und sie wird mich aufessen.“

„Was für eine Menschenfresserin?“

„Diese Alte, bei der du wohnst. Sie ist nicht deine Mutter, Söhnchen, sie ist eine Menschenfresserin. Der Tag wird kommen, an dem sie auch dich verschlingt! Lauf fort von hier, während sie fort ist. Ich... ich werde bald sterben...“

Der Kleine konnte die Worte des alten Mannes nicht glauben.

„Wenn du mir nicht glaubst“, fuhr der Greis fort, „geh in den Keller, dort wirst du es sehen! Dann fliehe so schnell du kannst! Vorher gehe aber noch in die Küche. In einem Topf findest du drei kleine Kugeln. Nimm sie dir, sie werden dich retten.“

Der Knabe ging in den Keller, und als er dort einen Haufen Menschenknochen sah, wußte er, daß der Greis die Wahrheit gesprochen hatte. In der Küche nahm er die drei kleinen Kugeln aus dem Topf und lief fort, so schnell ihn die Beine trugen.

Er war schon eine gute Strecke gelaufen, als hinter ihm ein Poltern und Gestampfe ertönte. Die Menschenfresserin war ihm dicht auf den Fersen.

Der Knabe erinnerte sich an die Kugeln und warf schnell eine hinter sich.

Da wuchs zwischen ihm und der Menschenfresserin ein dichter Wald in die Höhe. Die Menschenfresserin schlug sich jedoch rasch durch das Dickicht und streckte schon die Hände nach dem Knaben aus. Da warf er die zweite Kugel hinter sich, und zwischen ihm und der Menschenfresserin erhoben sich sieben Berge. Die Menschenfresserin übersprang einen Berg nach dem anderen und war wieder dicht hinter dem Knaben. Da warf er die dritte Kugel hinter sich, und sofort war hinter ihm ein Flammenmeer. Die Menschenfresserin stürzte in die Flammen und verbrannte.

Der Knabe rastete ein Weilchen, dann ging er weiter und kam zu einem Dorf, wo kleine Hirtenjungen mit Murmeln spielten. Sie spielten um Reis, den sie von daheim mitgebracht hatten. Der Knabe bat sie, mitspielen zu dürfen. Da er keinen Reis hatte, versprach er, sieben Tage an ihrer Stelle die Kühe zu hüten, sollte er verlieren. Die Hirtenjungen vespielten jedoch ihren ganzen Reis. Der Knabe gab ihnen die Hälfte zurück und wanderte weiter.

Lange wanderte er und kam zu einem verlassenen Tempel des Geistes Nat.

„Armer Geist Nat! Armer Geist Nat!“ rief der Knabe. „Bist du auch so hungrig wie ich?“

Er opferte die Hälfte seines Reises dem Geist und aß den Rest auf. Aus Dankbarkeit verwandelte sich der Geist Nat in einen Pilger und trat vor den Knaben.

„Wer bist du?“ fragte der Knabe erschrocken.

„Fürchte dich nicht! Ich bin der, den du mit deinem Reis bewirtet hast. Und ich weiß auch, wer du bist. Komm, ich führe dich zu deinem Vater!"

Der Pilger führte den Knaben in den Königspalast und ging mit ihm zum König.

„Dies ist dein Sohn, oh, König, den du erzürnt in den Fluß hast werfen lassen", sagte der Pilger. „Jetzt bringe ich ihn dir wieder zurück."

Dann gab sich der Pilger dem König als Geist Nat zu erkennen und der König begriff, daß er seinen Fehler gutmachen könnte.

Er ernannte den Knaben zum Thronfolger, krönte die Mutter wieder zur Königin und ließ dem Geist einen großen Tempel erbauen.

Der Opiumraucher und die Menschenfresser

Eines Tages drangen vier Menschenfresser in eine Dorfherberge ein und verschlangen alle Pilger, die dort schliefen.

In diesem Dorf lebte auch ein Opiumraucher. Er war faul und man sah ihn nur sehr selten bei einer Arbeit. Er bewegte sich langsam, sprach leise, so, als würde er gleich einschlafen. Alle hielten ihn für einen Schwächling und Angsthasen.

Eines Abends verrauchte er sein letztes Opium und hatte kein Geld, um sich ein paar Krümel zu kaufen. Er ging ins Dorf, schlenderte auf der Straße auf und ab und brüstete sich, es gäbe im Dorf keinen mutigeren Burschen als ihn. Das ärgerte die jungen Männer im Dorf, und sie beschlossen, ihn zum Gespött der Leute zu machen. Sie stellten sich ihm in den Weg und sagten:

„Wetten, daß du es nicht wagst, in unserer Herberge zu übernachten!"

„Noch heute mache ich es", antwortete der Opiumraucher, „wenn ihr mir genug zum Essen und Opium für meine Pfeife gebt!"

Die Burschen stopften ihm die Pfeife voll mit Opium und packten einen gekochten Krebs, ein gekochtes Ei, Reis in einem Bambusblatt und ein rundes Brötchen in ein Bündel. Dann führten sie ihn in die Herberge und ließen ihn allein.

Um Mitternacht kamen die vier Menschenfresser in die Herberge – und staunten: die ganze Herberge bebte unter ihren Schritten, aber der Opiumraucher hob nicht einmal den Kopf.

Die Menschenfresser setzten sich, und um ihn zu erschrecken, rollten sie mit ihren riesigen Glotzaugen. Doch der Opiumraucher beachtete sie auch jetzt nicht. Die Menschenfresser wurden unruhig. Sie hatten bisher noch keinen Menschen getroffen, der sich vor ihnen nicht gefürchtet hätte. Sie betrachteten den Unheimlichen näher und der Schreck fuhr ihnen in alle Glieder, als sie sahen, daß er

Feuer schluckte. Sie wußten nicht, was sie machen sollten. Sollten sie ihn verschlingen? Oder davonlaufen? Und so saßen sie wie versteinert da und stierten ihn an.

Nach einer Weile verspürte der Opiumraucher Hunger und band, ohne die Augen zu öffnen, das Bündel auf.

„Was werden wir denn heute zum Abendessen vertilgen?“ fragte er sich selbst.

Als ersten ertastete er den Krebs.

„Aha! der Bärtige! Willkommen Herr Bärtiger, ich hoffe, Sie werden sich in meinem Magen wohlfühlen!“ sagte der Opiumraucher.

Zufällig nannte man auch einen der Menschenfresser „Bärtiger“, weil seine Oberlippe ein Schnurrbart bedeckte. Der Bärtige erstarrte vor Angst.

Dann fühlte der Raucher das Ei und sagte:

„Ach, Herr Glatzkopf, auch Sie sind hier? Sehr erfreut, daß Sie sich zu meinem Nachtmahl herbemühten!“

Der Name des zweiten Menschenfressers war „Glatzkopf“, weil er kein einziges Härchen auf dem Kopf hatte. Die Menschenfresser begannen zu zittern.

Danach betastete der Raucher das Bambusblatt mit dem Reis und rief:

„O, Herr Lange! Ich bin froh, daß auch Sie hier sind!“

Den dritten Menschenfresser nannte man „Langer“, weil er mager und sehr groß war. Vor Angst bekam der einen Schluckauf.

Zum Schluß betastete der Opiumraucher das runde Brötchen.

„Ei, der Runde! Ich bin überaus froh, daß auch Sie sich herbemühten!“

Den vierten Menschenfresser nannte man „Runder“, weil er der kleinste und rund und fett war. Der Runde machte Stielaugen.

Und der Opiumraucher redete weiter mit sich selbst.

„Zuerst verschmausen wir den Bärtigen, dann den Glatzkopf, nachher den Langen und zuletzt den Runden.“

Da warfen sich die Menschenfresser auf die Knie und baten den Opiumraucher, er möge sie verschonen. Der öffnete endlich die Augen und als er die Menschenfresser bemerkte, dachte er, sie wollten, er solle sein Essen mit ihnen teilen.

„Nein, nein!“ murmelte er. „Ich bin sehr hungrig!“

„Ach, Verehrtester!“ bettelten sie. „Laß uns gehen, wir werden uns dankbar erweisen. Wir geben dir sieben Töpfe voll Gold, die hier in dieser Herberge vergraben sind.“

Schließlich erwachte der Opiumraucher aus seinem Rausch und begriff, daß die Menschenfresser um ihr Leben bettelten.

„Also gut“, sagte er, „bringt das Gold!“

Die vier Riesen gruben im Handumdrehen die Töpfe mit dem Gold aus und brachten sie dem Mann.

Dann machten sich die Menschenfresser auf die Beine und wagten sich nie wieder in die Nähe der Herberge.

Und der Opiumraucher wurde reich und verbrachte den Rest seines Lebens mit Singen.

Der Regenbogen

Die schöne Königin von Syriam mußte sterben! Oh, was für ein Unglück! Sie sollte nämlich gerade ein Kind bekommen. Man legte den Körper der Königin auf einen Scheiterhaufen und verbrannte ihn, wie es in jenem Land die Sitte verlangt. Kaum war das Feuer angezündet worden, kam aus dem Leibe der Toten noch ihr Kind. Das Kind wurde gerettet. Und der König gab auf der Grabstätte seiner Tochter den Namen Muenun.

Aber man brachte das Mädchen nicht in den königlichen Palast, weil es, nach uraltem Glauben, der gesamten Stadt Syriam Unglück gebracht hätte, da es inmitten von Toten geboren worden war. Also ließ der König für seine Tochter einen Palast am Flußufer neben dem Grabmal der Königin errichten. Rings um diesen Palast erhob sich dann in wenigen Jahren die Stadt Dalla.

Am jenseitigen Ufer des Irawadi herrschte König Mingaladon. Sein Sohn Nanda verliebte sich unglücklich in Prinzessin Muenun und wollte sie heiraten. Aber König Mingaladon und seine königlichen Räte wollten nichts von dieser Heirat hören. Sie fürchteten ebenfalls, daß die Braut, die bei der Totenfeier der eignen Mutter geboren worden war, ihrem Königreich Unglück brächte.

Der König erließ daher den Befehl, daß kein Schiffer seinen Sohn über den Fluß fahren dürfe, und verbot dem Prinzen streng die Überfahrt.

Eines schönen Tages schwamm das Krokodil Regenwolke an der Stadt Mingaladon vorbei und gewahrte den Prinzen Nanda, der sehnsüchtig zum anderen Flußufer starrte.

„Edler Prinz“, sagte Regenwolke, „kann ich dir helfen?“

„Danke, liebe Regenwolke“, erwiderte der Prinz traurig, „mir kann keiner helfen. Ach, ich möchte ja nur auf die andere Seite des Flusses zu meiner Liebsten, aber mein königlicher Vater darf nichts davon erfahren.“

Regenwolke überlegte ein Weilchen und schlug dann dem Prinzen vor, ihn nachts in seinem Rachen ans andere Ufer zu bringen.

„So kann dich keiner sehen", fuhr Regenwolke fort, „und der König erfährt nicht, daß du ungehorsam warst. Ich schwimme sehr schnell. Du bleibst nur ein kleines Weilchen in meinem Rachen und erstickst nicht."

Das leuchtete dem Prinzen Nanda ein, und er ließ sich hinüberbefördern. Nun verbrachte der Prinz jede Nacht bei seiner Liebsten und kehrte erst vor Morgengrauen zurück.

Ein Krokodilfräulein, das man die Braune nannte, war in Regenwolke verliebt, doch als er sie verschmähte, wurde sie sein ärgster Feind.

Sie sah nun, daß Regenwolke Nacht für Nacht mit seiner wertvollen Last den Irawadi überquerte, und verzehrte sich vor Eifersucht. Und weil sie schon älter als hundert Jahre war, verwandelte sie sich in eine Frau und schlich sich als Dienerin bei Prinzessin Muenun ein. In kurzer Zeit brachte sie es fertig, zur beliebtesten Dienerin der Prinzessin aufzusteigen.

„O Herrin", fragte die Braune eines Tages, „auf welchen Arm des Prinzen bettest du deinen Kopf, wenn du neben ihm liegst?"

„Auf den linken", erwiderte die Prinzessin vertrauensvoll. „Ich schlafe auf seinem linken Arm wie auf einem Kopfkissen."

„O weh, das bedeutet, daß er dich wenig liebt", meinte die Braune scheinheilig. „Wenn er dich mehr als sich selbst liebte, würde er dir gestatten, an seiner rechten Seite und auf seinem rechten Arm zu schlafen."

„Er erlaubt mir alles, was ich will", sagte darauf Muenun.

„Dann stell seine Liebe noch in dieser Nacht auf die Probe", riet die Lieblingsdienerin, die nur zu gut wußte, daß, wenn eine Frau mit ihrem Kopf auf dem rechten Arm des Mannes schläft, diesen ein Unglück ereilt.

Das Krokodilfräulein verspürte zwar keinen Haß gegenüber dem Prinzen Nanda, aber sie wußte sehr wohl, daß des Königs ganzer Zorn Regenwolke treffen mußte, wenn dem Prinzen im Rachen des Krokodils ein Unglück zustieß.

In dieser Nacht nun bat die Prinzessin ihren Liebsten, an seiner rechten Seite mit dem Kopf auf seinem rechten Arm schlafen zu dürfen.

„O meine Liebe", entgegnete der Prinz, „du weißt doch, daß mich dann ein Unglück ereilt!"

„Ist das deine Liebe zu mir?" rief die Prinzessin und wäre beinahe in Tränen ausgebrochen.

Sogleich willfahrte der Prinz ihrer Bitte.

Vor Morgengrauen trat er ans Flußufer, wo ihn schon sein treuer Freund erwartete. Der Prinz kroch in den Krokodilrachen und machte sich auf den

Heimweg. Allein Regenwolke vergaß aus irgendeinem nichtigen Grunde den Prinzen und schwamm im Flusse auf und ab. Da erstickte der Prinz.

Inzwischen wurde in Mingaladon der Prinz bereits gesucht. König und Höflinge waren verzweifelt, weil sie den Prinzen nirgendwo entdecken konnten. Schließlich begaben sich alle ans Flußufer in der stillen Hoffnung, daß der Prinz vielleicht noch bei der Liebsten weilte.

Als Regenwolke den König erblickte, kam er sofort wieder zu sich und dachte an seinen lieben Freund. Schnell schwamm er ans Ufer, sperrte seinen Rachen weit auf und legte den Prinzen zu den Füßen des Vaters. Doch der Prinz war tot.

Von Gewissensbissen gepeinigt, erzählte Regenwolke alles dem König und rief: „Edler Herrscher! Ich bin bereit, meinem Prinzen zu folgen, denn ich habe den Tod verdient. Laß mich töten!“

„Du hast meinem Sohn treu gedient“, brachte der König unter Tränen hervor. „Ich vergebe dir. Aber eile nun aus Liebe zu deinem Prinzen zu Prinzessin Muenun, um ihr die traurige Kunde zu überbringen.“

Rasch schwamm Regenwolke über den Irawadi und berichtete der Prinzessin, daß ihr Liebster nicht mehr am Leben war. Ihr Herz, von Leid und Selbstvorwürfen gemartert, denn sie fühlte sich an allem schuldig, konnte dieses Weh nicht ertragen, und es brach.

Als die Sonne sich im Westen über Mingaladon senkte, wurde das Bestattungsfeuer für den Prinzen Nanda entfacht, und auf der gegenüberliegenden Seite des Flusses brannte in der Stadt Dalla das Bestattungsfeuer für Prinzessin Muenun.

Auf beiden Seiten des Irawadi sahen die Menschen traurig auf die Rauchschwaden, die sich von beiden Feuern in den Himmel erhoben. Plötzlich gewahrten alle, daß sich die Rauchfahnen über dem Flusse einander näherten, bis sie sich vereinten und – Wunder über Wunder – in einen wunderschönen Regenbogen verwandelten.

Der alte Mann auf dem Mond

Es war einmal ein alter Mann, der in einem Dorfe lebte. Für seine Nachbarn drosch und reinigte er den Reis und erhielt dafür einen geringen Lohn. Der Alte war allein und besaß nichts außer seinem Kaninchen.

Er arbeitete den ganzen Tag, und wenn der Mond nachts hell schien, sogar bis tief in die Nacht hinein. Das Kaninchen aber tat sich gütlich an den Reisschalen.

Wieder einmal arbeitete der Alte bei Mondschein und redete mit sich selbst.

„Hier dresche ich nun den Reis, und dann muß ich ihn auch noch worfeln. Wie lange das dauert! Ach, hätte ich doch eine Frau! Dann würde ich dreschen und sie worfeln. Zudem würden das Kaninchen und ich auch viel fröhlicher leben."

Die Mondgöttin hörte seine Worte. Und der Alte tat ihr leid. Am nächsten Tage verwandelte sie sich in eine alte Frau und kam ihm helfen. Der alte Mann drosch den ganzen Tag den Reis, und die Mondgöttin worfelte. Als die Nacht auf die Erde herabsank, kehrte sie in den Himmel zurück. Nun kam die Göttin jeden Tag zu dem Alten und seinem Kaninchen und verließ sie abends wieder, weil sie auf den Mond aufpassen mußte. Tage- und wochenlang ging dies so weiter, bis der Alte einmal fragte: „Wer bist du? Warum verläßt du uns immer in der Abenddämmerung?"

Da antwortete ihm die alte Frau: „Ich bin die Mondgöttin."

„Bitte, nimm uns beide mit auf den Mond", bat der Alte. „Erlaube uns, immer bei dir zu bleiben."

Die Mondgöttin hatte den guten Alten und sein stilles Kaninchen liebgewonnen, und darum erhörte sie seine Bitte. Seither kann man den Alten und sein Kaninchen auf dem Mond sehen.

Die Zauberzange

In der schönen Stadt Pagan stand vor vielen Jahren eine Pagode, in der es etwas ganz Besonderes gab, nämlich eine Zange, die zu zaubern vermochte. Hierher führten die königlichen Richter Leute, die miteinander in Streit lagen, und jeder mußte bei seiner Aussage die gefalteten Hände in die geöffnete Zange legen.

Wenn einer nun nicht die Wahrheit sagte, schnappte die Zange zu und zwickte die Hände des Lügners ziemlich schmerzhaft. Diese Zauberzange brachte es fertig, daß es schließlich keine Diebe und Lügner mehr im Lande gab und die königlichen Richter in Ruhe und Frieden leben konnten, weil sie über niemandem mehr zu Gericht zu sitzen brauchten.

Eines Tages nun rüstete sich ein reicher Kaufmann, der auch der Beschützer des Klosters war, zu dem die Pagode gehörte, zu einer langen Reise. Er gab einem Mönch, der im Kloster die Wirtschaftsangelegenheiten verrichtete, einen Barren Gold zum Aufbewahren.

Kaum aber spürte der Mönch das Gold in seinen Händen, war er entschlossen, sich nie mehr davon zu trennen. Tag und Nacht zerbrach er sich den Kopf, wie er es anstellen könnte, um den Kaufmann und die Zauberzange zu hintergehen.

Endlich kam ihm der rettende Gedanke: er schmolz das Gold und goß es in einen hohlen Stab.

Als der Kaufmann nach Pagan zurückkehrte, begab er sich zum Mönch und forderte sein Gold. Dieser erklärte, er habe es ihm schon gegeben. Der empörte Kaufmann legte seine Sache dem Gericht vor, und der Richter führte beide in die Pagode zu der Zauberzange. Der Kaufmann faltete seine Hände, legte sie in die Zange und sprach: „Ich behaupte, daß ich diesem Mönch mein Gold zur Aufbewahrung übergeben habe. Weiter schwöre ich, daß er mir das Gold nicht zurückgegeben hat.“

Voller Ungeduld blickten alle Leute auf die Zange. Sie bewegte sich nicht. Jetzt trat der Mönch, auf seinen Stab gestützt, an die Zange heran.

„Lieber Freund, halte meinen Stab, damit ich meine Hände in die Zange legen kann“, bat er den Kaufmann.

Der nichtsahnende Kaufmann nahm den Stab des Mönchs, während dieser sagte: „Ich schwöre, daß ich das Gold in Aufbewahrung nahm; außerdem schwöre ich, daß ich es dem Kaufmann zurückgegeben habe. Jetzt hat er es wieder.“

Alle starrten gespannt auf die Zange, die sich aber auch diesmal nicht bewegte. Der Richter war sehr überrascht, doch das Volk rief aufgebracht: „Die Zange taugt nichts mehr. Wir wissen alle, daß einer von den beiden ein Betrüger ist! Wo ist also hier die Wahrheit?“

Und das Volk lachte die Zauberzange aus.

Der Richter mußte sehr lange überlegen, bis er schließlich den Betrug doch aufdeckte. Der Kaufmann bekam sein Gold wieder, und der Mönch wurde hart bestraft.

Nach diesem Vorfall hatte die Zange aber genug von den Menschen, und sie hörte auf, der Gerechtigkeit zu dienen. Niemals mehr zwickte sie in die Hände der streitenden Parteien, auch dann nicht, wenn eine Person log.

Der Weissager von Pagan

Am königlichen Hofe von Pagan lebte einst ein Weissager. Als ihm ein Sohn geboren wurde, stellte er ihm das Horoskop und erschrak furchtbar. Denn aus der Stellung der Sterne ergab sich, daß der eigne Sohn ihm einmal die Zunge abschneiden würde. Da nahm der Astrologe den Neugeborenen, setzte ihn in einen großen irdenen Topf und trug ihn zum Fluß Irawadi. Dann ließ er den Topf ins Wasser in der Hoffnung, daß der Fluß den Topf zum Meere tragen werde, wo das Kind dann sterben müsse.

Der Topf schwamm wirklich nach Niederbirma hinunter. Dort fischte ihn eine alte Frau, die sich gerade am Fluß wusch, aus dem Wasser.

„Endlich habe ich einen Sohn!“ freute sie sich.

Als der Junge erwachsen war, zog er mit Kaufleuten in ferne Länder. Dort lernte er und wurde gleichfalls Astrologe. Mit sechzehn Jahren kehrte er ins Dorf zu der alten Frau zurück, die er für seine Mutter hielt. Sogleich nach seiner Heimkehr starb die alte Frau. Er beweinte sie, wie es Sitte ist, und ging dann nach Pagan, um dort sein Glück als Astrologe zu versuchen. Seine Voraussagen trafen immer ein. Nicht lange, und er war weit und breit berühmt. Man gab ihm den Beinamen: der Genaue.

Zu dieser Zeit hatte der König von Pagan den Wunsch, ein Kloster zu bauen, und er befahl seinem Hofastrologen, ihm den günstigsten Platz dafür zu weisen.

Der Astrologe bestimmte nach seinen eignen Schriften und der Stellung der Sterne den Platz, wo das Kloster gebaut werden sollte.

Der König kam mit seinem Gefolge, um sich den Ort anzusehen, und dann fragte er seinen Weissager: „Du Weisester unter allen Weisen, zeige jetzt, wo der Grundstein gelegt werden soll.“

„O mein König“, erwiderte der Astrologe des Hofs und warf nochmals einen

Blick in seine Schriften, „sieh zum Himmel hinauf. Jetzt ist dort kein Wölkchen zu entdecken. Doch zu Mittag wird eine Wolke erscheinen, aus der ein Adler herausfliegt, und dieser hält einen Fisch in seinem Schnabel. Der Adler stürzt steil herunter und läßt den Fisch auf die Erde fallen. Der Fisch fällt hier auf diese Stelle, und hier muß der Grundstein gelegt werden!"

Mitten in der Menschenmenge, die der Feierlichkeit beiwohnte, befand sich auch der Genaue. Jetzt trat er vor und wies auf eine andere Stelle.

„O nein, verehrter Bruder", erklärte er, „der Fisch fällt hierher, und deshalb ist hier der Platz für den Grundstein."

Der Astrologe des Hofs, den die Erfolge des Jüngeren schon lange ärgerten, rief wütend: „O du Gotteslästerer! Die Worte deiner Zunge entweihen unsere Luft. Wenn du nicht sofort still bist, wird die gerechte Wahrheit dir die Zunge ausreißen!"

„Gut", erwiderte der Genaue, kühn die Herausforderung annehmend, „so sei es: Wer von uns beiden im Unrecht ist, dem möge die Zunge abgeschnitten werden."

Die Menschen standen stumm vor Erwartung bis zum Augenblick der Entscheidung.

Punkt zwölf zog eine Regenwolke über den Himmel. Aus ihr stieß ein Adler herab. Er hielt einen Fisch in seinem Schnabel. Gerade über der Stelle, die der Hofastrologe gewiesen hatte, ließ er den Fisch fallen. Die Menge johlte vor Begeisterung. Aber der Fisch hüpfte noch zweimal weiter und fiel dann haargenau auf jenen Punkt, den der junge Astrologe angegeben hatte.

Sofort wendete sich die Menge ihm zu, lobte ihn und rief nach der Bestrafung des Alten. Der Genaue zögerte, aber der königliche Astrologe rief ihm zu: „Rasch, schneide mir die Zunge ab, damit wir allem ein Ende bereiten!"

Also trat der Genaue an den alten Mann heran, schnitt ihm aber nur die Zungenspitze ab. In diesem Augenblick erinnerte sich der Alte plötzlich an seine alte Prophezeiung. Unter Tränen gestand er dem jungen Astrologen, daß er sein Vater sei. Da packte tiefe Verzweiflung den jungen Mann. Sein Vater tröstete ihn jedoch und verkündete öffentlich, daß der Genaue sein leiblicher Sohn sei und ihn weit übertroffen habe.

In Pagan lebte damals auch noch ein dritter hervorragender Weissager. Er war Mönch, und der Ruhm des Genauen ärgerte ihn. Er beschloß, den jungen Astrologen vor aller Welt zu verhöhnen.

Eines Tages ging der Mönch zu dem jungen Astrologen und bat ihn, einmal für ihn das Horoskop zu stellen.

Der Genaue prophezeite: „In sieben Tagen in der Morgendämmerung schlägt ein Blitz in deinen Kopf ein!"

„Jüngling, vergiß deine Worte nicht!“ warnte der Mönch und verschwand.

Am siebten Tag vor dem Morgengrauen bedeckte der Mönch seinen Kopf mit einem Klumpen Lehm, tauchte bis zum Hals in den Fluß und beobachtete den Himmel aufmerksam.

Als es zu blitzen begann, tauchte er unter. Der Blitz traf den Klumpen Lehm und zerschlug ihn in sieben Teile. Der Mönch blieb unversehrt.

Sogleich ging er zu dem Genauen und sagte höhnisch: „Wie denn das, junger Mann? Die Sonne ist bereits aufgegangen, und ich bin heil und gesund! Wo bleibt denn dein Blitz?“

Dem jungen Astrologen kam es gar nicht in den Sinn, daß der Mönch unehrenhaft gehandelt haben könnte, vielmehr nahm er an, daß seine Prophezeiung nicht in Erfüllung gegangen war.

„Dies bedeutet also, daß die Astrologie nur Täuschung und Dummheit ist“, sagte er, nahm seine gesamten Schriften und warf sie ins Feuer.

Sein Diener wußte nicht, was zu tun sei, und er lief sofort zum Vater des jungen Mannes.

Der königliche Weissager eilte zu seinem Sohn und rief schon von weitem: „Verbrenn deine Schriften nicht, mein Sohn, gib sie mir.“

„Zu spät, Vater“, antwortete der Genaue. „Sie sind vernichtet.“

„Und die Asche! Gib mir wenigstens die Asche“, bat der Vater.

Sofort trat der Genaue an die Feuerstelle, aber o weh! Ein Hahn scharrte bereits in der Asche. Das Geheimnis der Schriften war für immer dahin. Seither sagt man in Burma mit einer Hahnenfuß die Zukunft voraus.

Der Genaue nahm sich seinen Mißerfolg so zu Herzen, daß er nichts anderes mehr tat, als unablässig nachzudenken. Darüber verlor er schließlich den Verstand. Tagelang irrte er durch die Stadt Pagan und murmelte unverständliche Prophezeiungen vor sich hin.

Der junge Mann war aber nicht nur hervorragend in seinen Zukunftsprophezeiungen gewesen, er hatte auch sehen können, wo Schätze in der Erde verborgen lagen. Für sich grub er sie aber niemals aus, und er sprach auch darüber zu keinem Menschen. Erst jetzt, nachdem er seinen gesunden Verstand eingebüßt hatte, zeigte er mit der Hand bald hier- und bald dorthin und rief: „Hier ist ein Topf Gold vergraben und dort ein Topf Silber.“

Allerdings suchte er auch jetzt noch seine Geheimnisse zu schützen. Wenn ihm Menschen zu nahe kamen, zitterte er von Kopf bis Fuß und lief davon und schrie: „Ding-dong! Ding-dong!“

Schließlich wurde der junge Mann schwerkrank. Dann kam seine Erinnerung noch einmal für sehr kurze Zeit wieder.

„Ich habe meinem Vater ein Stück Zunge abgeschnitten", sagte er. „Als ich das Messer zur Hand nahm, wußte ich zwar nicht, daß ich mein eigenes Blut vergieße, aber ich bin für diese Untat schwer bestraft worden und habe meinen Verstand verloren."

Die Fee und der Jäger

Es war einmal ein sehr reicher König. Seine Speicher waren immer voll, und in seinem prunkvollen Palast zeigte er seinen Reichtum. Er hatte alles, nur Kinder fehlten ihm. Er wünschte sich sehnlichst einen Sohn, einen Thronfolger.

Eines Tages im Frühling erfüllte sich sein Wunsch. Die Königin brachte einen Sohn zur Welt. Sie nannten ihn Tschau Suton.

Der Knabe wuchs schnell und wurde von Tag zu Tag kräftiger. Jeder staunte über seinen Verstand und seine Kraft, und es gab niemanden auf der Welt, der besser mit Waffen umgehen konnte als er.

Einmal schaute der Jüngling in einen Brunnen und bemerkte irgendetwas im Halbdunkel auf seinem Grund. Von einem weisen Greis hatte er erfahren, daß vor langer Zeit ein mächtiger König in diesem Brunnen einen Schatz vergraben habe. Viele Menschen hatten sich schon bemüht, ihn zu holen, aber niemandem war es bisher gelungen.

Tschau Suton befahl, den Brunnen trockenzulegen, und da fand man auf seinem Grund einen Bogen. Jeder Pfeil, aus diesem Bogen geschossen, traf haargenau sein Ziel. Niemand brachte es jedoch fertig, den Bogen zu spannen. Nur Tschau Suton spannte die Sehne so geschickt, daß sich der Bogen mit der Sehne wie der Vollmond zu einem Kreis formte.

Mit diesem Bogen ging der Knabe oft auf die Jagd.

Einmal traf er mit seinem Geschoß einen unheimlichen, riesigen Vogel, der in den Wolken kreiste und im Schnabel einen schwarzen Fisch hielt. Der tödlich verwundete Vogel ließ den Fisch fallen und der schwarze Fisch fiel in den Fluß.

Der Knabe war zu einem stattlichen, kühnen Jüngling herangewachsen. Die Eltern wünschten sich sehr, er solle heiraten. Jeder im Land suchte junge Mädchen, geeignete Bräute, alle lobten die guten Eigenschaften der Angebotenen. Ein ehrgeiziger Minister des Königs bot seine Tochter an, weil er nach dem höchsten Rang am Königshof strebte.

Tschau Suton entschied sich jedoch für keines der Mädchen, denn alle prahlten nur mit ihrer Schönheit und ihrem Reichtum. Er träumte von einem Mädchen, das nicht nur schön, sondern auch klug war, und ihm eine würdige Lebensgefährtin sein könnte.

Eines Tages gürtete er sich mit seinem Schwert, nahm seinen Wunderbogen, setzte sich auf ein flinkes Pferd und ritt in die Welt hinaus, um nach dem Mädchen seiner Träume zu suchen. Lange ritt er über weite Ebenen, über Berge und Täler, bis er im Wald einem alten Jäger begegnete. Sie wurden bald gute Freunde. Sie jagten gemeinsam Wildschweine und Hirsche, und wenn sie nachher am Lagerfeuer saßen, erzählten sie einander ihre Erlebnisse.

Einmal erzählte ihm der Jäger eines von seinen Abenteuern:

„Vor einigen Jahren fing der Wassergott mit seiner Zauberangel den Sohn des Königs aller fischfressenden Vögel. Der erzürnte König ergriff den Wassergott, als dieser, als schwarzer Fisch getarnt, auf der Wasseroberfläche auftauchte. Kaum war der Vogelkönig jedoch emporgeflogen, da traf ihn das Geschoß eines unbekannten Jägers. Der verwundete König ließ den schwarzen Fisch los und der fiel mir ins Netz. Als ich den schwarzen Fisch aus dem Netz zog, redete er mich mit menschlicher Stimme an:

„Laß mich frei, Jäger! Du wirst es nicht bereuen!“ Ich habe den Fisch freigelassen. Seither hoffe ich, den Schützen zu treffen, der dem schwarzen Fisch das Leben rettete.“

„Auch der unbekannte Schütze möchte sich gerne mit dir treffen“, sagte Tschau Suton lächelnd.

Dann betrachteten der alte und der junge Jäger den nächtlichen Himmel.

„Was für ein leuchtender Stern!“ rief Tschau Suton. „Er übertrifft mit seinem Glanz alle anderen Sterne. Er gleicht einem Mädchen, das nicht nur durch seine Schönheit, sondern auch durch seine Klugheit hervorragt und heute nur schwer zu finden ist.“

„Lieber junger Freund, auch die Liebe ist heute eine seltene Kostbarkeit“, sagte der alte Jäger. Wahre Liebe enttäuscht niemals ein reines Herz. Treue und Beständigkeit holen immer verborgene Wässer des Frühlings aus ihrem Versteck!“

Der Jüngling hörte aufmerksam zu und begriff, daß ihm der alte Jäger etwas Wichtiges mitteilen wollte.

„Nicht weit von hier“, erzählte der alte Jäger, „ist ein wunderschöner See mit smaragdgrünem Wasser. Rein wie ein Spiegel. Einmal in sieben Tagen erscheinen an diesem See sieben Mädchen, Pfauenmädchen sind es von ungewöhnlicher

Schönheit. Alle sind schön wie Blumen, aber die jüngste überragt alle an Schönheit. Wenn du sie ansiehst, begreifst du, daß Schönheit und Klugheit noch nicht von unserer Erde verschwunden sind. Und jetzt komm, wenn du sie sehen willst!“

Sie schwangen sich auf ihre Pferde und galoppierten zum See. Am Ufer versteckten sie sich am Gebüsch und warteten.

Vom Himmel schwebten sieben Pfauenmädchen auf den See herab. Sie schwammen ans Ufer, warfen ihre Pfauengewänder ab und verwandelten sich in Feen. Lustig lachend liefen sie ins Wasser und badeten. Dann schwammen sie ans Ufer, zogen wieder ihre Pfauenkleider an und begannen zu tanzen.

Tschau Suton gefiel am besten die jüngste, die an Schönheit und mit ihrem anmutigen Tanz alle anderen übertraf.

Der Tanz wurde immer schneller und die Tänzerinnen verwandelten sich nach und nach wieder in Pfauenmädchen. Dann schwebten sie in die Höhe und flogen davon. Tschau Suton schaute ihnen traurig nach.

„Sei nicht traurig“, sagte der Greis, „in sieben Tagen kommen sie wieder.“

„Sieben Tage werden mir jetzt wie eine Ewigkeit erscheinen“, seufzte der junge Jäger. „Und dann kommen sie wieder nur für eine kurze Weile. Kann man sie nicht irgendwie zwingen, länger zu bleiben!“

„Da kann ich dir wahrhaftig nicht helfen, mein lieber junger Freund. Vielleicht weiß aber der Einsiedler, der hier in der Nähe wohnt, Rat.“

Also gingen sie zum Einsiedler, um Rat einzuholen, wie man wenigstens ein Pfauenmädchen daran hindern könnte, nicht mit den anderen fortzufliegen. Anfangs wollte der Einsiedler nichts davon wissen, aber schließlich überredete ihn der alte Jäger doch, ihnen zu helfen.

Der Einsiedler rief einen Fischotter und sagte:

„Folgt diesem Fischotter!“

Der Fischotter führte sie zum Smaragdsee und huschte ins Wasser. Sofort trat das Wasser auseinander und der Gott des Wassers kam ans Ufer.

„Willkommen, edler Schütze!“ begrüßte er den jungen Jäger. „Ich warte schon lange auf dich, um mich bei dir zu bedanken, für die Rettung meines Lebens, als mich der Vogelkönig fressen wollte.“

Erst jetzt erfuhr der alte Jäger, daß sein junger Freund, Tschau Suton, der Wunderschütze war.

Der Gott des Wassers lud sie in seinen Palast im See ein und zeigte ihnen seine Schätze. Als sie ihm dann ihren Wunsch eröffneten, brachte er eine Angel und sagte:

„Lieber junger Freund, hier gebe ich dir eine Zauberangel. Sie wird dir helfen, das Mädchen, welches du auswählst, zurückzuhalten. Vergiß aber nicht, mir nachher die Angel zurückzugeben!“

Am siebenten Tag gingen die Jäger wieder zum Smaragdsee. Sie versteckten sich im Gebüsch und warteten. Wieder flogen sieben Pfauenmädchen herbei, warfen ihre Pfauengewänder ab und verwandelten sich in Feen. Der junge Jäger merkte sich die Stelle gut, wo die jüngste ihr Gewand abgelegt hatte. Als die Feen ins Wasser liefen, warf Tschau Suton schnell und geschickt die Angel auf das Gewand, zog es zu sich ins Gebüsch und versteckte es.

Nach einer Weile kamen die Mädchen aus dem Wasser und zogen sich, fröhlich lachend, ihre Gewänder an. Nur die jüngste bemerkte erschrocken, daß ihre Kleider verschwunden waren, und sie begann zu weinen.

„Weine nicht, Namarona, weine nicht!" trösteten sie die Schwestern. „Wir lassen dich nicht hier, wir nehmen dich auf unsere Rücken und tragen dich nach Hause."

Tschau Suton erschrak, daß seine auserwählte Fee wieder davonfliegen wollte, und rief:

„Nein, nein! Fliegt noch nicht weg!"

Als die Pfauenmädchen die menschliche Stimme hörten, erschraken sie und flogen schnell weg. Namarona lief weinend am Ufer auf und ab und versteckte sich schließlich im Gebüsch.

Die Jäger warteten schweigend, was geschehen würde.

Die unglückliche Fee wagte sich erst vor Sonnenuntergang aus dem Gebüsch und suchte ihr Kleid.

Auf einem Baum saß ein Eichhörnchen und kicherte. Namarona fragte es:

„Eichhörnchen, hast du nicht mein Pfauengewand gesehen?"

„Chichi, chichichi!" spottete das Eichhörnchen. „Du hättest es besser behüten müssen! Du hättest es besser behüten müssen!"

„Ich bitte dich, liebes Eichhörnchen, hilf mir! Du weißt, ohne mein Pfauengewand kann ich nicht zu meinen Schwestern fliegen. Hast du es nicht gesehen? Weißt du nicht, wo es ist?"

„Ich weiß es, aber nimm dich in acht!" antwortete das Eichhörnchen und wies mit seinem buschigen Schwanz ins Gebüsch.

Namarona ging langsam vom Ufer zum Gebüsch, da bemerkte sie plötzlich am Himmel einen großen Raubvogel. Sie wußte nicht, ob sie sich vor ihm verstecken oder ihn fragen sollte, ob er nicht ihr Gewand gesehen habe.

Da flog ein Geschoß aus dem Gebüsch und traf den Raubvogel mitten ins Herz. Er fiel Namarona vor die Füße. Der junge Jäger trat nun mit seinem Bogen aus dem Gebüsch.

„Fürchte dich nicht, schönes Mädchen, ich tu dir nichts!" sagte er.

Namarona zitterte vor Angst, aber sie sah, daß es zum Fliehen zu spät war.

„Hast du den Raubvogel erschossen?" fragte sie.

„Ja. Ich hatte Angst, er könnte dich verletzen."

„Hast du nicht mein Gewand gesehen, schöner Jüngling?"

„Warum suchst du deine Kleider hier und nicht zu Hause, schöne Fee? Gewiß wohnst du in der Nähe!"

„Ich bin nicht von hier. Mein Vater ist König in einem weitentfernten Land und ich bin seine jüngste Tochter, Namarona... Und nun sage mir du, ob du der Gott des Wassers in Gestalt eines schönen Jägers oder ein sterblicher Mensch bist."

„Ich heiße Tschau Suton. Ich bin kein Gott. Mein Vater regiert in einem Küstenland. Ich bin zum Smaragdsee gekommen, weil ich den Duft wunderbarer Blumen spürte. Und die schönste der Blumen hat meine Augen und mein Herz bezaubert."

„Diese Blume, von der du sprichst, ist hier allein und schutzlos!"

„Hab keine Angst, schöne Namarona. Hier ist mein bester Freund, der mich beschützt, und gemeinsam werden wir dich vor jeder Gefahr behüten, wenn du bei mir bleibst."

„Der Mond strahlt am Himmel erst, wenn die Sonne untergeht. Menschen zweier Welten können nicht Seite an Seite leben. Wäre es anders, würde ich von Herzen gern für dich kochen, das Haus eines einsamen Menschen in Ordnung halten."

„Sieben Tage und sieben Nächte habe ich hier auf dich gewartet. Komm in mein Haus und werde meine Frau!"

„Leicht gießt man das Wasser aus einem Krug, aber sehr schwer kann man es zurückschütten."

„Ich werde nie zulassen, daß man dir weh tut, süße Namarona."

„Lieber Tschau Suton, ich weiß, daß du dir aufrichtig unser gemeinsames Glück wünschst, aber was würden deine Eltern und die Höflinge dazu sagen? Vielleicht würde ich ihnen nicht gefallen? Dann würde ich meinen Kopf nicht aufrecht halten können, während ich meinen Reis esse! Meine Augen würden niemals trocken sein!"

„Meine Eltern lieben mich und werden auch dich lieb gewinnen!"

„Aber meine Eltern werden sehr unglücklich sein, wenn ich nicht zurückkehre."

„Alle jungen Mädchen verlassen einmal ihr Elternhaus wegen eines Freundes. Deine Eltern werden gewiß zufrieden sein, wenn sie erfahren, daß du in deinem neuen Haus glücklich bist. Hier nimm meinen Ring. Ich bitte dich, nimm ihn an."

„Ich nehme dein Geschenk an, schöner Jäger. Doch nimm von mir diesen Rubin. Trage ihn immer, denn jedesmal, wenn du ihn ansiehst, wirst du dort mein Bildnis sehen."

„Lieber Freund", sprach Tschau Suton zu dem alten Jäger, „gib die

Zauberangel dem Gott des Wassers zurück und sage ihm, daß ich ihm für seine Hilfe aufrichtig danke."

Namarona zog sich ihr Pfauengewand an, faßte Tschau Suton an der Hand und flog mit ihm in seine Heimat.

Die königlichen Eltern waren überglücklich, als sie ihren Sohn wiedersahen, und auch seine Braut gefiel ihnen sehr. Ihre Klugheit, Schönheit und Höflichkeit gewannen die Herzen aller Menschen. Nur der ehrgeizige Minister war verärgert, weil der Thronfolger seine Tochter verschmäht hatte. Er ging zu einem Sterndeuter, um sich mit ihm zu beraten. Sie beschlossen, Namarona aus dem Weg zu räumen, sollten sie dann gleich das ganze Königreich zerstören müssen.

Als der König sah, wie sehr sein Sohn Namarona liebte und daß auch die Königin sie liebte, erlaubte er Tschau Suton, das Mädchen zu heiraten.

Der verräterische Minister hatte heimlich einen Boten zum König des Nachbarlandes geschickt mit einer geheimen Botschaft und stiftete ihn an, mit seinem Heer ins Land einzufallen. Er versprach, daß er, der Minister selbst, die Tore der Stadt öffnen werde.

Die Hochzeitsfeier war noch im Gange, als ein Bote mit der Nachricht herbeieilte, daß der König des Nachbarlandes mit einem großen Heer ins Land eingefallen sei.

Im Palast brach Verwirrung aus. Der König war auf einen Krieg nicht vobereitet und wußte nicht, was er tun sollte. Da riet ihm Namarona, Tschau Suton an die Spitze des Heeres zu stellen, denn er allein könne den Feind überwinden.

Aber am nächsten Tag überbrachte der hinterlistige Minister dem König die falsche Nachricht, daß sein Heer besiegt sei und vor dem mächtigen Feind fliehe.

In dieser Nacht hatte der König einen Traum. Am nächsten Morgen ließ er seine Minister, Ratgeber und den Sterndeuter kommen und forderte sie auf, seinen Traum zu deuten. Der Sterndeuter erklärte, der Traum bedeute, daß alles Unglück im Palast und im Lande eine Hexe mit ihren Zaubereien verursache. Sie wolle sogar dem feindlichen König die Tore der Stadt öffnen.

„Was für eine Hexe?" fragte der König erstaunt. „Wo ist sie?"

„Hier im Palast", antwortete der Sterndeuter, „aber ich wage nicht, ihren Namen auszusprechen, denn sie ist eine hochangesehene Person."

„Ich befehle dir, sofort ihren Namen zu nennen, wenn du einer strengen Strafe entgehen willst!" befahl der König.

„Deine Hexe ist Namarona", sagte der Sterndeuter scheinheilig. „Kaum hat sie dein Sohn zu seiner Frau gemacht, jagte sie ihn hinaus in den Krieg, damit er dort umkomme."

Der König war außer sich, er wußte nicht, was er tun sollte. Der listige Minister nützte die Verwirrung des Königs aus und erklärte:

„Im Namen des Königs befehle ich, daß die Hexe strengstens bestraft wird. Die Wachen sollen morgen die Hexe Namarona auf den Richtplatz führen, sollen ihr die Kleider vom Leibe reißen, und der Henker soll sie hinrichten. Nur so retten wir unser Land vor dem Untergang."

Die Königin überbrachte ihrer Schwiegertochter die entsetzliche Nachricht. Namarona bat die Königin, sie möge sie nicht verlassen, sie habe niemals etwas Böses getan und werde es auch nicht tun, weil sie ihren Mann Tschau Suton aufrichtig liebe.

Die Königin konnte ihr jedoch nicht helfen. Namarona ging zum König und bat ihn weinend, er möge nicht erlauben, das Urteil zu vollstrecken.

„Ich habe mir nie etwas zuschulden kommen lassen, niemals habe ich jemandem ein Leid zugefügt. Ich liebe meinen Mann von ganzem Herzen und ich werde ihm und diesem Land immer helfen. Ich bin keine Hexe. All das haben sich böse Menschen ausgedacht, um mein Glück, dein Glück und das Glück deines Sohnes zu zerstören."

Der König jedoch sagte:

„Wenn du meinen Sohn Tschau Suton und unser Land so liebst, opfere dich für unser Glück!"

Am nächsten Morgen brachten die Wächter Namarona auf den Richtplatz, rissen ihr das königliche Gewand vom Leib und zerfetzten es. An der Stelle, wo der König mit seinen Höflingen saß, blieb das Mädchen stehen und sagte:

„König und Königin, hört meine letzte Bitte! Ich bitte euch, erlaubt mir, mein Pfauenkleid anzuziehen, ich möchte vor meinem Tode noch einmal den Pfauentanz tanzen."

Der König, gerührt von den Tränen des unglücklichen Mädchens, erfüllte ihren letzten Wunsch. Die Königin, die das Pfauengewand aufbewahrt hatte, ließ es sofort holen.

Namarona zog sich das Pfauengewand an und begann zu tanzen. Anfangs tanzte sie langsam, dann immer schneller und schneller. Und je schneller sie tanzte, umso leuchtender wurden die Farben des Pfauenkleides, bis sie schließlich wie ein Regenbogen leuchteten. Die Zuschauer, die den Richtplatz umringten, vergaßen, weshalb sie gekommen waren und bewunderten entzückt die anmutige Tänzerin. Plötzlich verwandelte sich Namarona in einen Pfau, schwebte in die Höhe und flog davon.

Die Menschen hatten sich von ihrer Verblüffung noch nicht erholt, als ein Herold herbeigaloppierte, und dem König meldete:

„Wir haben gesiegt! Dein Sohn hat den Feind geschlagen und kehrt jetzt an der Spitze des Heeres zurück. Freut euch und heißt ihn feierlich willkommen!"

Der König brachte vor Überraschung kein Wort heraus, er warf nur einen

zornigen Blick auf den verräterischen Minister und den Sterndeuter. Die beiden rannten auf und davon, rannten, so schnell sie die Beine trugen, denn sie fürchteten die Wut des Volkes, das sie für ihre schändliche Tat erbarmungslos bestrafen würde.

Und schon erschien das siegreiche Heer. Tschau Suton grüßte ehrfurchtsvoll seine Eltern und sagte:

„Euer Dank gebührt meiner geliebten Frau Namarona, denn sie gab mir den weisen Rat, wie ich den mächtigen Feind am schnellsten besiegen könne.“

Da wurde es plötzlich unheimlich still und der König senkte beschämt den Kopf.

„Wo ist meine Frau? Ich sehe sie nicht! Warum schweigt ihr alle?“

„Mein lieber Sohn“, sagte endlich der König, „ich habe einen großen Fehler gemacht. Ich habe den falschen Worten böser Menschen geglaubt.“

Dann erzählten ihm die Eltern, was geschehen war. Sein Schmerz war unbeschreiblich. Niemand konnte ihn trösten.

„Ihr habt mein Glück nicht behütet, ohne Namarona hat mein Leben keinen Wert“, sagte Tschau Suton zu seiner Mutter. „Entweder finde ich sie wieder oder ich werde sterben!“

Er zog sich sein Jagdgewand an, schwang sich aufs Pferd und nahm den Rubin, den Namarona ihm gegeben hatte und eilte seiner Namarona nach.

Schnell fand er die vertraute Hütte im Wald und in ihr den freundlichen Einsiedler.

„Ich wußte, daß du wiederkommst, Jäger, aber ich habe dich nicht so früh erwartet“, sagte der Greis.

„Ich ritt Tag und Nacht so schnell ich konnte, aber ich sehe, mein Glück ist schon weggeflogen.“

„Dein Vater hat dir dein Glück verjagt, weil er bösen Zungen glaubte, ohne sich zu überzeugen, ob sie die Wahrheit sagen.“

„Ich habe meiner Frau nie weh getan und ich konnte sie nicht schützen, weil ich weit weg war. Ich werde sie suchen, bis ich sie finde, oder ich werde sterben.“

„Warum willst du sterben? In deinem Land gibt es viele schöne Mädchen, du solltest dir eines von ihnen aussuchen!“

„Ich will keine andere als Namarona!“

„Der Weg in das Land deiner Frau ist sehr gefährlich und die Hindernisse, die sich dir in den Weg stellen werden, sind für einen sterblichen Menschen fast unüberwindlich. Überlege es dir gut, Jäger!“

„Ich habe nichts zu überlegen. Ich dachte, du seist mein guter Freund, und jetzt willst du mir nicht helfen. Ich weiß, daß sie hier war, aber du verschweigst es mir. Ich gehe nun und suche sie!“

„Warte, Jäger!“ rief ihm der Einsiedler nach. „Ich muß dir noch etwas sagen!“

„Hat meine Frau für mich doch eine Nachricht hinterlassen?“

„Deine Frau liebt dich sehr. Lange stand sie hier neben mir, weinte und dachte, daß sie dich nie wiedersehen würde, denn bisher sind alle Menschen umgekommen, die es gewagt hatten, den Weg, der in Namaronas Land führt, zu betreten. Deshalb bittet sie dich, nicht nach ihr zu suchen.“

„Mehr sagte sie nicht?“

„Sie weiß, daß du ihr nachtrauern wirst, so wie sie dir nachtrauert. Sie hat ihr Armband hiergelassen, ich soll es dir geben. Solange du es trägst, wird es dir das Gefühl geben, sie sei an deiner Seite. Nimm es!“

„Ja, es ist ihr Armband. Sie hat es immer getragen. Ich werde gut darauf achten, damit mir auf meinem einsamen Weg nicht bange wird.“

„Ich sehe schon, lieber Freund, du läßt dich durch nichts von dieser gefährlichen Reise abschrecken. Und jetzt höre gut zu! Der Weg in Namaronas Land führt über Feuerflüsse, über gefährliche Sandwüsten, über drei Berge, die fortwährend gegeneinanderprallen und jeden, der zwischen sie gerät, wie einen Wurm zerquetschen. Und wenn es jemandem gelingt, hindurchzuschlüpfen, fällt er in die Krallen riesiger, menschenfressender Vögel. Und sollte es dir gelingen, auch ihnen zu entkommen, wird dir Namaronas Vater niemals erlauben, auch nur einen Blick auf sie zu werfen, denn er ist auf deinen Vater sehr zornig.“

„Ich schrecke vor nichts zurück! Ich muß gehen!“

„Erinnerst du dich, daß ich einen gezähmten, klugen Affen habe? Ich gebe ihn dir als Begleiter, er kennt den Weg.“

Tschau Suton bedankte sich bei seinem Freund und folgte dem Affen. Sie gingen und gingen, bis sie zu einem Fluß kamen, dessen Wasser so heiß war, daß jeder, der hineintritt, auf der Stelle verkocht. Lange standen sie am Fluß und wußten nicht, wie sie ans andere Ufer kommen könnten. Da begann der Affe, ein Affentheater aufzuführen. Er schlug Purzelbäume, drehte sich im Kreis, sprang wie ein Ball in die Höhe und kreischte so komisch, daß er alle Tiere herbeilockte. Auch eine riesenlange schwarze Schlange kam und legte sich von Ufer zu Ufer quer über den Fluß. Der Affe faßte Tschau Suton an der Hand und lief mit ihm schnell über die Schlange ans andere Ufer.

Und sie setzten ihren Weg fort. Schon von weitem hörten sie das Donnern und Krachen der gegeneinanderschlagenden Berge. Tschau Suton schoß aus seinem Zauberbogen ein Geschoß zwischen die Berge, diese entfernten sich für einen Augenblick voneinander, und der Jüngling und der Affe rannten blitzschnell hindurch.

Der Weg führte sie nun durch eine weite Wüste. Über ihr tobten unentwegt furchtbare Stürme und wirbelten Sand und Gestein in die Höhe. Die Reisenden konnten keinen Augenblick rasten, weil der Sand und das Gestein sie unter sich begraben hätten. Am Abend kamen sie vollkommen erschöpft zu einem riesigen Baum. Sie krochen in den ausgehöhlten Baumstamm und schliefen gleich ein.

Nach einer Weile weckte ein brausender Wind Tschau Suton. Das menschenfressende Vogelpaar kehrte in sein Nest zurück. Das Männchen wußte alles, was sich im Westen zugetragen hatte, das Weibchen wußte alles, was im Osten geschehen war.

„Mir scheint, du hast dich in deiner Voraussage geirrt", sagte das Weibchen höhnisch zu seinem Mann. „Du hast gesagt, daß heute der Jäger herkommen wird, aber ich sehe ihn nirgends!"

Der Vogelmann wurde zornig.

„Ich weiß, daß es ihm gelungen ist, den Feuerfluß zu überqueren und durch die Wüste zu kommen. Heute muß er hier unseren Baum erreicht haben. Sein frisches Fleisch wird uns schmecken!"

„Daraus wird nichts, mein Bester, denn du hast dich geirrt!"

„Und ich habe mich doch nicht geirrt! Riechst du denn nicht das Menschenfleisch? Er ist bestimmt im Baum versteckt. Komm, suchen wir ihn!"

Die Vögel flogen vom Baum und suchten, bis sie die Höhle fanden, in der die Wanderer schliefen. Sie packten den schlafenden Affen und fraßen ihn sofort auf.

„Siehst du?" rief das Weibchen spöttisch, als sie es sich wieder im Nest bequem gemacht hatten, „du dachtest, es sei der Jäger, dabei war es nur ein Affe!"

„Nur keine Angst, liebe Frau, morgen werden wir uns sattessen. Im Pfauenland bereitet der König ein großes Festessen zur Feier der Rückkehr seiner Tochter Namarona. Sie werden sieben große Elefanten, hundert Büffel und hundert fette Schweine schlachten. Gleich in der Frühe fliegen wir hin und essen uns satt!"

Die Vögel schliefen ein. Tschau Suton kroch vorsichtig ins Nest, hackte mit dem Schwert das Ende einer riesigen Schwanzfeder des Vogels ab und kroch in den Kiel, dessen Innenraum so groß war, daß er darinnen bequem Platz fand.

Am nächsten Morgen flogen die Riesenvögel hoch hinauf über die Wolken und erreichten nach kurzer Zeit das Pfauenland. In der Nähe des Königspalastes schwebten sie auf die Erde nieder.

Tschau Suton verließ die Feder und eilte zum Palast. Er kam zu einem Brunnen, aus dem junge Mädchen Wasser in ihre Eimer schöpften. Er wartete, bis das letzte Mädchen allein am Brunnen stand und redete es an:

„Wozu braucht ihr so viel Wasser?"

„Hilf mir den Eimer aus dem Brunnen ziehen, dann sage ich es dir!"

„Zuerst antworte, dann will ich dir helfen!“

„Schöner Jäger, du hast die Zeit verschlafen, wenn du nicht weißt, was jeder weiß. Die verlorene Prinzessin Namarona ist wiedergekommen. Wir bereiten für sie ein Reinigungsbad vor, damit sie alles, was sie im Lande der bösen Menschen erleben mußte, vergißt. Hast du nichts davon gehört?“

„Ich kenne die schöne Namarona. Überbringe ihr einen Gruß vom Jäger!“ sagte Tschau Suton und ließ unbemerkt das Armband in den Eimer fallen.

Das Mädchen nahm den Eimer und lief den anderen nach.

Im Bad goß sie das frische Wasser über die Prinzessin. Dabei fiel auch das Armband heraus und traf Namaronas Hand. Sie erkannte sofort ihr Armband und stieß einen Schrei aus.

„Was ist geschehen, meine Prinzessin?“ fragte das Mädchen erschrocken.

„Ich glaube, daß dies mein Armband ist.“

„Ja, Herrin. Es ist wirklich das verlorene Armband. Ich weiß nicht, wie es herkommen konnte.“

„Aber ich weiß es!“ sagte Namarona streng. „Es ist aus deinem Wassereimer gefallen. Auf der Stelle sagst du mir, wen du am Brunnen getroffen hast!“

Das verängstigte Mädchen erzählte, was sich am Brunnen zugetragen hatte. Namaronas Augen leuchteten auf und freudestrahlend rief sie:

„Mein Mann ist hier! Mein Mann ist hier!“

Sie lief zu ihrem Vater und überbrachte ihm die freudige Nachricht. Der König wollte ihr nicht glauben, aber dann befahl er seiner Wache, den Jäger zu suchen und in den Palast zu bringen.

Tschau Suton erzählte dem König von seiner Liebe zu Namarona und den Gefahren, die er überstanden hatte, nur um sie wiederzufinden.

Der König traute ihm aber noch immer nicht und erlaubte ihm nicht, Namarona zu sehen. Tschau Suton bat und bettelte, bis der König schließlich sagte:

„Also gut, Jäger, ich stelle dir eine Aufgabe. Wenn du mit ihr nicht zurechtkommst, erlaube ich dir nicht, auch nur einen einzigen Blick auf meine Tochter zu werfen, und du kannst gehen, woher du gekommen bist.“

„Ich unterziehe mich jeder Prüfung, um sie zu sehen!“

Man führte ihn in ein dunkles Zimmer. Im Nebenzimmer waren allen sieben Schwestern versammelt. Jede steckte einen ihrer Finger durch ein Loch in der Wand und Tschau Suton sollte erraten, welcher der Finger Namarona gehörte.

Lange war er ratlos, denn in der Dunkelheit konnte er nichts sehen. Plötzlich setzte sich ein Leuchtkäfer auf einen der Finger. Tschau Suton befühlte ihn und wußte sofort, daß es der Finger seiner Frau war.

„Du hast eine glückliche Hand, Jäger!“ rief der König. „Es ist wirklich ihr

Finger. Jetzt kannst du herauskommen, Töchterchen, und deinen Liebsten begrüßen, denn seine treue Liebe und sein Mut beweisen, daß er dich verdient."

Das Freudenfest dauerte mehrere Tage. Dann schenkte der König Tschau Suton einen fliegenden Elefant und Namarona ein fliegendes Pferd und die trugen die zwei Liebenden ins Land der Menschen. Sie lebten lange Zeit sehr glücklich und zufrieden.

Der Trinker und der Opiumraucher

Zwei unzertrennliche Freunde, ein Trinker und ein Opiumraucher, lebten miteinander auf dem Dorf. Und weil sie kein Dach über dem Kopf hatten, pflegten sie immer in den Herbergen, die es überall für Pilger gibt, zu schlafen. Nur die Unterkunft, die gleich neben dem Friedhof lag, suchten sie nicht auf. Dort sollten sich nämlich Nacht für Nacht die Verstorbenen des Dorfes versammeln, so wenigstens munkelte man.

Eines Tages nun hatte der Trinker sich mehr als sonst zu Gemüte geführt und eine ganze Reihe Töpfchen mit berauschendem Palmsaft ausgetrunken. Alle Warnungen seines Freundes schlug er in den Wind und ging geradewegs zu der Pilgerunterkunft am Friedhof. Dort setzte er sich nieder und trank weiter Palmsaft. Je mehr er trank, desto kühner wurde er, und schlafen wollte er überhaupt nicht.

Es war gegen Mitternacht, als ein paar Geister eintraten. Bevor sie seine Anwesenheit bemerken konnten, sagte er: „Willkommen, Brüder! Heute seid ihr später gekommen, und ich war rechtzeitig hier."

Nach einer Weile drängten so viele Geister in den Raum, daß man sich kaum drehen konnte, und einer rief: „Ich rieche, rieche Menschenfleisch. Ist etwa ein Fremder hier?"

„Zähl doch", meinte ein anderer Geist.

Sofort sprang der Trinker auf und brüllte aus voller Kehle: „Eins, zwei, drei, vier... Eins, zwei, drei, vier... Alles in Ordnung! Alles in Ordnung!"

Die Geister waren zufrieden, setzten sich nieder und unterhielten sich.

„Liebe Brüder", sagte einer, „wißt ihr wohl, daß hier, wo ihr sitzt, sieben Töpfe voll Gold vergraben sind?"

Der Trinker merkte sich gut den Platz, wo der gesprächige Geist saß. Man unterhielt sich noch bis zum Morgengrauen, und dann verschwanden sie.

Nun grub der Trinker die sieben Töpfe mit Gold aus und war mit einem Schlage reich. Er kaufte sich ein Haus und lebte darin mit seinem unzertrennlichen Freund, dem Opiumraucher. Nach einiger Zeit jedoch wünschte sich auch der Raucher, sieben Töpfe mit Gold zu finden, und er bettelte so lange, bis ihm der Freund das Geheimnis verriet. Sofort entschloß sich der Raucher, ebenfalls eine Nacht in der Pilgerunterkunft am Friedhof zu verbringen. Er machte sich auch wirklich dorthin auf den Weg, aber zuvor hatte er so viel Opium geraucht, daß er ganz müde war und sein Kopf vor Schläfrigkeit hin und her wackelte. Als die ersten Geister dann gegen Mitternacht kamen, schlief er bereits fest.

Voller Mißtrauen betrachteten die Geister den Opiumraucher. Es kamen immer mehr, und schließlich war es wieder so voll, daß man sich nicht drehen und wenden konnte.

Und wieder sagte einer: „Ich rieche, rieche Menschenfleisch. Ist hier ein Fremder?"

Da erinnerte sich einer der Geister daran, daß sich vor kurzem ein lebendiger Mensch hier eingeschlichen, ihr Gespräch belauscht und später die sieben Töpfe mit Gold fortgeschleppt hatte. Ein dritter Geist stand auf und begann, die Anwesenden zu zählen. Der Opiumraucher war immer noch nicht imstande, seine Augen zu öffnen und etwas für seine Sicherheit zu tun.

Als der Geist alle gezählt hatte, zeigte es sich, daß einer zuviel war. Mühelos entdeckten sie den Opiumraucher. Als sie sich davon überzeugt hatten, daß er lebendig war, packten sie ihn an der Nase und zogen so lange daran, bis sie ganze drei Finger breit länger geworden war. Dann verschwanden die Geister lautlos.

Am andern Morgen machte sich der Trinker auf, um seinen Freund in der Herberge am Friedhof zu suchen. Wirklich fand er ihn auch dort halbtot vor Angst. Er hatte große Mühe, seinen lieben Freund wieder zum Leben zu erwecken. Dann führte er ihn durchs Dorf nach Hause, und alle Leute lachten laut über die langgezogene Nase des Opiumrauchers.

„Gräm dich nicht, lieber Freund", tröstete ihn der Trinker. „Heute Nacht bringe ich in Erfahrung, wie ich dich wieder heilen kann."

Abends trank er abermals reichlich Palmsaft und ging dann zur Pilgerunterkunft. Als die ersten Geister ankamen, begrüßte er sie fröhlich: „Willkommen, Brüder! Ich bin als erster da, weil ich dachte, daß wir heute vielleicht wieder einen lebendigen Menschen hier finden. Letzte Nacht hatte ich gar nicht so großen Spaß, weil ich wegen des großen Gedränges kein einziges Mal an der Nase ziehen konnte."

Die Geister lachten herzlich, weil sie ihn für einen der Ihren hielten. Später kamen die andern Geister. Als sie alle versammelt waren, rief wieder einer, er rieche, rieche Menschenfleisch und man müsse alle zählen. Der Trinker paßte höllisch auf. Schnell sprang er auf und schrie: „Eins, zwei, drei, vier... Eins, zwei, drei, vier... Alles in Ordnung! Alles in Ordnung!“

Die Geister schenkten ihm Glauben und unterhielten sich.

Im geeigneten Augenblick beteiligte sich der Trinker am Gespräch: „Gestern war es wirklich köstlich mit diesem Menschen. Aber könnte man seiner Nase auch die richtige Länge wiedergeben?“

„Gewiß doch“, erwiderte ein Geist. „Dafür gibt's ein Rezept. Wenn dieser Mann mit seiner Nasenspitze einen Stößel berührt, wird die Nase einen Fingerbreit kürzer. Tut er das mehrmals, wird seine Nase wieder normal.“

Nun wußte der Trinker, was er wissen wollte, und lenkte die Unterhaltung in andere Bahnen. Gegen Morgen verschwanden die Geister. Er aber eilte nach Haus, um seinem lieben Freund die frohe Nachricht zu überbringen.

Sofort nahm der Opiumraucher einen Stößel, ging aber äußerst behutsam damit um, weil seine Nase nicht zu kurz werden durfe.

Der Geist des Ringkämpfers

In der Nähe eines entlegenen Dorfes gab es einen verrufenen Ort, eine Klosterruine. Wenn es einer wagte, dort einzutreten, fand man ihn am nächsten Tage tot, und alle seine Knochen waren gebrochen.

In diesem Dorfe lebte ein Trinker, den es sehr verdroß, daß es nirgendwo für ihn ein ruhiges Plätzchen gab, wo er allein und in aller Stille trinken konnte. Deshalb kam er eines Tages auf die Idee, in die Klosterruine zu gehen. Er spazierte hin, setzte sich nieder und trank zufrieden in kleinen Schlucken seinen Palmsaft.

Plötzlich hörte er schwere Schritte, und mitten aus einer zerfallenen Wand trat ein fetter Mönch hervor.

„Bruder, kannst du ringen?" fragte der Mönch.

Der Trinker, ungnädig, weil er auch hier gestört wurde, maß den Mönch mit einem bösen Blick und antwortete: „Gewiß kann ich ringen, heiliger Vater."

„Willst du nicht mit mir einen Kampf ausfechten?" forderte ihn der Mönch heraus.

Also begannen sie ihre Kräfte zu messen. Obwohl der Trinker alle Griffe anwendete, die er kannte, nutzte es ihm wenig. Der Mönch war so weich wie ein Sack Pflaumen und so glitschig wie ein Aal. Schließlich hörte der Trinker auf. Sein Atem ging schwer, während der Mönch nicht müde war. Da erkannte der Mann, daß er es mit dem Geist des Klosters zu tun hatte, der in die Gestalt eines Ringkämpfers geschlüpft war. Jetzt preßte ihn der Mönch so fest zusammen wie eine Zange und stieß ihn mehrmals auf die Steine. In seiner Verzweiflung kratzte der Trinker den Mönch auf dem rasierten Kopf und spürte überrascht eine kleine Mütze aus Leder. Er packte sie fest und riß sie herunter. Plötzlich fielen die Arme des Mönchs schlaff herab, und er sagte friedfertig: „Meine Mütze! Bruder, gib sie mir wieder!"

„Wozu?“ erwiderte der Trinker. Er ahnte nämlich, daß er den Mönch jetzt in seiner Hand hatte. „Schon lange habe ich mir so eine Mütze gewünscht.“

„Bruder“, begann der Mönch zu erklären, „das hier ist die Mütze der Unsichtbarkeit. Jeder Geist besitzt sie. Ohne sie kann ich nicht verschwinden. Und wenn ein lebendiger Mensch sie in die Hand bekommt, dürfen wir sie ihm nicht mit Gewalt abnehmen. Wir müssen warten, bis er sie freiwillig zurückgibt.“

Da lachte der Trinker nur. „Danke für die Belehrung! Und jetzt wirst du drei Jahre lang Palmsaft für mich sammeln. Dann bekommst du deine Mütze für treue Dienste zurück.“

Dem armen Geist war gar nicht zum Lachen zumute. Er versprach dem Trinker alles mögliche, nur um seine Mütze wiederzubekommen. Schließlich verriet er sogar, daß unter der Klosterruine sieben Töpfe Gold vergraben waren.

„Gib mir die Mütze wieder, und du kannst dir das Gold holen“, sagte der Mönch.

„Grabe erst das Gold aus“, forderte der Trinker.

Dem Geist blieb nichts anderes übrig, als sich an die Arbeit zu machen, und nach einer Weile hatte er das Gold ausgegraben.

„Nimm die Töpfe und komm mit“, befahl der Trinker.

Der Geist mußte gehorchen. Vor dem Dorf blieb der Trinker stehen und überlegte. Die Dorfbewohner würden ihn verprügeln, wenn sie sahen, daß er einen Mönch gezwungen hatte, für ihn schwere Töpfe zu tragen.

„Im übrigen“, murmelte er, „müßte ich auch erklären, daß der Mönch nicht echt ist, sondern ein Geist, und daß die Töpfe nicht Palmsaft, sondern Gold enthalten. Alle würden dann fragen, wo ich es gefunden habe, und mit meiner Ruhe wäre es ein für allemal aus.“ Also sagte er zum Geist: „Jetzt ist alles in Ordnung. Danke und auf Wiedersehen, und hier hast du deine Mütze.“

Der Geist griff nach der Mütze und war im Nu verschwunden.

Die vier Irrtümer

In einem schönen Dorf lebten einmal vier Männer, die alle taub waren. Der eine war Hirte, der zweite sammelte Palmsaft an den Bäumen, der dritte säte Reis, und der vierte schließlich war der Bürgermeister des Ortes.

Eines Morgens erwachte der Hirte und stellte fest, daß ihm seine Herde verlorengegangen war. Auf der Spitze einer Palme gewahrte er einen Mann, und da rief er fragend hinauf: „Heda! Siehst du vielleicht von dort oben meine Herde? Sie ist mir nachts abhanden gekommen, und ich kann sie nicht finden!"

Der andere glaubte aber, der Hirte hätte ihn nach der Güte des Saftes gefragt. Er wies mit der Hand auf einen kleinen Palmenhain, der nicht weit entfernt stand, und antwortete: „In diesem Jahr ist diese Palme nicht besonders gut. Die Palmen dort drüben sind besser."

Der Hirte bedankte sich höflich, weil er annahm, der Sammler habe ihm den Weg zu seiner Herde gewiesen.

Also ging er in den Hain und fand tatsächlich seine Herde dort.

Weil er sich aber schon seit dem frühen Morgen müde gelaufen hatte, blieb er stehen und überlegte, ob er den Weg über das fremde Feld nicht abkürzen könnte. Der Bauer, dem dieses Feld gehörte, war gerade beschäftigt, Unkraut zu verbrennen. Der Hirte bat um die Erlaubnis, seine Herde über das Feld treiben zu können. Der Bauer glaubte jedoch, der Hirte frage, ob er ihm eine Kuh aus der Herde gestohlen habe, schüttelte energisch seinen Kopf und murmelte: „Nein, nein!"

„Nein, nein", wiederholte der Hirte wütend. „Du alter Geizkragen! Was sollte deinem Boden schon passieren, er ist ja noch nicht einmal gepflügt."

Aber der Bauer schüttelte nur den Kopf und sagte: „Nein, nein!"

In ihrer Wut gerieten sich beide in die Haare, rauften und zogen schließlich vor den Bürgermeister der Gemeinde.

Der Bürgermeister hatte sich gerade früh am Morgen schrecklich mit seiner Frau gezankt und sie verprügelt. Da war die Frau gekränkt zu ihrer Mutter gelaufen.

Nun traten der Hirte und der Bauer vor den Bürgermeister, fuchtelten aufgeregt mit den Armen, weil jeder seine Wahrheit beweisen wollte. Doch der Bürgermeister schüttelte erbost den Kopf und fing zu schreien an: „Hinaus mit euch! Ihr braucht sie nicht zu verteidigen. Ich nehme sie nie wieder zurück. Mag sie bei ihrer Mutter bleiben!“

Der Hirte und der Bauer glaubten nun, der Bürgermeister habe einen gerechten Spruch gefällt, und zogen zufrieden ab.

Der Schiffer und der Ruderer

Am Flusse Irawadi lebte einmal ein Schiffseigentümer, der viele Schiffe besaß und ein großer Geizhals war. Ununterbrochen dachte er nur daran, wie er seine Ruderer um ihren verdienten Lohn betrügen könnte. Jede Arglist war ihm gerade recht.

Die Arbeit der Ruderer war sehr hart, sie arbeiteten zwei bis drei Monate. Zuerst mußten sie flußaufwärts rudern und dann wieder flußabwärts. Während der langen Fahrt gab ihnen der Schiffer nur die Verpflegung, und erst nach Beendigung ihrer Arbeit zahlte er ihnen Geld. Am Tage der Auszahlung ersann er viele Listen, um seine Leute zu betrügen. Er zwang sie, Wetten mit ihm abzuschließen, und wenn sie verloren, kamen sie um ihren gesamten Lohn.

Einmal, es war im Januar und das Wasser sehr kalt, machten die Schiffe am letzten Arbeitstag an einem Dorf halt. Und wieder begann der Schiffer sein böses Spiel.

„Ich möchte wissen, ob sich unter meinen Ruderern wenigstens ein Mann befindet, der wirklich abgehärtet ist. Derjenige, der es nackt im Wasser bis zur Tagesdämmerung aushält, soll alle meine Schiffe erhalten. Falls er verliert, bekommt er keinen Lohn. Die Bedingungen sind gerecht. Nun, wer wettet mit mir?“

Obwohl die Ruderer kräftige und abgehärtete Burschen waren und immer zum Wetten bereit, kannten sie alle die Arglist des Schiffers und schwiegen. Ein kühner jedoch, der glaubte, noch durchtriebener als der Schiffer selbst zu sein, ging auf die Wette ein.

Er zog sich aus und sprang in den Fluß. Seine Zähne klapperten, und er zitterte am ganzen Körper, blieb aber doch im Wasser.

So verging die Zeit bis Tagesanbruch.

Am anderen Ufer wurden die Fischer munter und zündeten ein Feuer vor ihren Hütten an, um vor dem Fang warm zu werden. Damit hatte der Schiffer gerechnet.

Er wartete noch ein Weilchen und rief dann: „Heda, Ruderer! Mich betrügst du nicht! Du wärmst dich ja an dem Feuer, das am Ufer brennt. Also hast du die Wette verloren, weil die Bedingungen nicht erfüllt wurden!“

Entrüstet antwortete der Ruderer: „Das Feuer brennt doch drüben am anderen Ufer. Wenigstens eine Meile entfernt. Wie kann es mich wärmen?“

„Ein Feuer ist ein Feuer“, behauptete der Schiffer. „Siehst du es erst einmal, wärmt es dich schon. Du hast die Wette verloren, weil du die Bedingung nicht eingehalten hast.“

„Gut“, sagte der Ruderer und stieg ohne ein weiteres Wort aus dem Wasser.

Er zog sich wieder an, ging zu seinen Kameraden und sagte: „Sicher glaubt ihr, daß ich ein Dummkopf bin und daß ich mich um mein Geld habe betrügen lassen. Ihr mögt sogar recht haben, aber dafür kann niemand Schweinefleisch so braten wie ich. Darin gleicht mir keiner. Nicht einmal unser kluger Herr weiß, wie man Schweinefleisch richtig brät!“

Der Schiffer war zwar in ausgezeichneter Stimmung, aber die lauten Worte des Ruderers reizten ihn.

„Soeben hast du deinen ganzen Lohn verspielt“, erklärte er stolz, „und jetzt wagst du zu behaupten, ich könne Schweinefleisch nicht richtig braten?“

„O Herr, vielleicht kannst du mancherlei braten, aber Schweinefleisch kannst du nicht braten“, wiederholte der Bursche seine Herausforderung.

„Ich kann es nicht, sagst du?“ fragte der Schiffer zornig. „Na gut, wetten wir!“

„Hier habe ich ein großes Stück Schweinebraten. Wenn du das richtig brätst, diene ich dir sieben Jahre lang ohne Lohn! Kannst du es aber nicht, gibst du mir alle deine Schiffe. Die Bedingungen sind gerecht.“

Der Schiffer war einverstanden.

„Hier hast du das Fleisch, fang an!“

„Aber wo ist das Feuer?“ fragte der Schiffer.

„Na, dort drüben am anderen Ufer“, erwiderte der Ruderer höflich.

„Es ist aber doch eine gute Meile von hier entfernt“, rief der Schiffer entrüstet.

„Du hast selbst gesagt, Feuer ist Feuer“, erinnerte ihn der Ruderer. „Und wenn es warm genug ist, um mich zu wärmen, reicht es auch, um das Fleisch vom Schwein zu braten. Warum brätst du denn nicht? – Ich sehe schon, du kannst es nicht. Das bedeutet, daß ich die Wette gewonnen habe und alle deine Schiffe jetzt mein sind.“

Damit war der Schiffseigentümer natürlich nicht einverstanden, und er wandte sich an das Gericht. Vor Gericht erzählten dann die Zeugen, wie alles vor sich gegangen war, und da gab das Gericht dem Ruderer recht.

Die vier Dummköpfe

In einem Dorf lebten einst vier faule Burschen. Sie wollten weder lernen noch arbeiten, deshalb konnten sie nichts, verstanden nichts, kurz, sie waren zu nichts zu gebrauchen. Sie waren so faul, daß sie sich nie wuschen, niemals die Kleider wechselten und den ganzen lieben Tag auf der faulen Haut lagen. Als sie alles bis auf den letzten Rest aufgegessen hatten, hungerten sie, denn umsonst wollte ihnen niemand etwas geben. Sie mußten sich wohl oder übel eine Arbeit suchen. Kaum machten sie jedoch irgendwo ein paar Handgriffe, jagte sie der Herr davon, weil sie alles falsch machten. Schließlich kamen sie zu einer alten Frau, die sich ihrer erbarmte.

„Gut", sagte sie, „bringt mir vom Feld ein paar Bündel Stroh. Ich muß das Dach decken."

Die Burschen gingen aufs Feld und brachten das Stroh. Der erste fragte die Alte:

„Wohin mit dem Stroh, Wirtin?"

„Lege es hinter die Küche!"

Und obwohl die drei anderen die Antwort recht gut gehört hatten, fragte jeder einzelne: „Wohin mit dem Stroh, Wirtin?

Und die Alte mußte jedem von neuem sagen:

„Lege es hinter die Küche!"

Die vier Burschen gingen wieder aufs Feld, brachten Stroh und jeder von ihnen fragte erneut:

„Wohin mit dem Stroh, Wirtin?"

Die Alte antwortete erneut:

„Lege es hinter die Küche!"

Die vier Burschen gingen erneut aufs Feld und brachten ihre Strohbündel. Der erste fragte:

„Wohin mit dem Stroh, Wirtin?"

„Du Dummkopf!" rief die Frau ärgerlich. „Lege es hinter die Küche!"

Der zweite fragte wieder:

„Wohin mit dem Stroh, Wirtin?"

Die Frau verlor die Geduld und schrie:

„Auf meinen Kopf!"

Die Burschen warfen ihr das Stroh auf den Kopf und die Alte starb.

Die Nachbarn verprügelten die vier Burschen, dann gaben sie ihnen eine Axt und befahlen ihnen, für die tote Frau einen Sarg zu zimmern.

Die vier Burschen nahmen die Axt und gingen, wohin sie der Weg führte. So kamen sie zu einem hohen Baum.

„Fällen wir ihn!" schlug der erste vor.

„Gut", sagte der zweite. „Ich klettre auf den Baum und werde ihm beim Fallen helfen."

„Und wir werden ihn beim Fallen mit unseren Rücken auffangen, damit wir ihn nachher nicht vom Boden aufheben müssen", beschlossen die zwei anderen.

Wie gesagt, so getan.

Der Baum stürzte um und erschlug die zwei Burschen. Der dritte, der auf dem Baum saß, fiel auf die Erde und blieb halberschlagen liegen. Der vierte, der den Baum gefällt hatte, wußte nicht, was er tun solle, also setzte er sich hin und wartete. Vielleicht sind sie nicht tot, vielleicht schlafen sie nur', dachte er sich.

Nach einer Weile kam der dritte wieder zu sich und stand auf.

„Bist du aufgewacht?" fragte der Baumfäller.

Der Halbbetäubte schaute sich um und sagte:

„Ich bin schon aufgewacht, aber die zwei schlafen noch!"

Beide setzten sich neben den Baum und warteten, wann die zwei Schlafenden aufwachen würden. Die ganze Zeit saßen oder lagen sie da.

„Einen festen Schlaf haben unsere Freunde", meinte der eine.

„Ei, einen festen Schlaf haben unsere Freunde", sagte der zweite.

„Haben unsere Freunde wirklich einen festen Schlaf?" fragte der eine.

„Wer weiß? Haben unsere Freunde wirklich einen festen Schlaf?" fragte der andere.

„O ja!" bestätigte der eine.

„Und ob!", bestätigte auch der andere.

So verging ein Tag und so verging auch ein zweiter. Am dritten Tag kam ein Mann vorbei. Er sah die zwei auf der Erde sitzen und neben ihnen unter dem gefällten Baum zwei Tote.

„Was macht ihr hier?“ rief er.

„Wir warten, daß unsere Freunde aufwachen“, antworteten die zwei.

„Seht ihr denn nicht, daß sie tot sind?“

„Tot?“ wunderten sich die Burschen. „Woher weißt du das?“

„Ach, ihr Dummköpfe!“ rief der Mann. „Wozu habt ihr denn euer Nasen? Riecht ihr nicht, wie die zwei schon stinken?“

Der Mann ging weiter und die zwei Burschen machten sich auf die Beine.

„Was hat dieser Mann gesagt?“ fragte der eine. „Wozu haben wir angeblich eine Nase?“

„Hat der Mann gesagt, wozu wir Nasen haben?“ fragte der andere.

„Und wozu haben wir Nasen?“

„Nasen haben wir deswegen, damit wir riechen, was stinkt!“

„Meiner Treu, meine Nase spürt einen Gestank!“ sagte der eine.

„Auch meine Nase spürt einen Gestank!“ sagte der andere. „Du stinkst!“

„Was? Du stinkst!“ sagte der erste.

Eine Weile zankten sie so herum, beschnupperten sich gegenseitig, schließlich sagte der erste:

„Mir scheint doch, daß ich stinke.“

„Auch mir scheint, daß ich stinke“, sagte der andere.

„Wenn ich aber stinke, bin ich tot“, sagte der erste und legte sich mitten auf die Straße.

„Wenn ich aber auch stinke, bin auch ich tot“, sagte der andere und legte sich neben seinen Freund.

Da kam ein Mann auf einem Elefanten. Der Elefantentreiber sprang zu den zwei im Wege liegenden Burschen und schimpfte:

„Ihr Dummköpfe! Was fällt euch ein, euch mitten auf den Weg zu setzen und mich am Weitergehen zu hindern?“

„Wir sind tot!“ rief der eine zornig.

„Wir sind beide tot!“, wiederholte der andere. „Wir müssen liegen!“

Der Elefantentreiber nahm seinen Stock und begann die beiden zu prügeln. Im Nu waren die zwei Toten auf den Beinen.

„Du hast einen Zauberstock!“ riefen sie. „Willst du ihn nicht für unsere Axt eintauschen?“

Der Elefantentreiber gab ihnen den Stock, nahm die Axt und ging seiner Wege.

Die zwei Burschen zogen weiter, immer der Nase nach, und kamen zum Haus eines reichen Mannes, dem die Tochter gestorben war.

„Wir können deine Tochter auferwecken!“ brüsteten sich die zwei Burschen. „Wir haben ein Zaubermittel.“

Der Vater dankte dem Schicksal, daß es ihm die zwei Wunderärzte geschickt hatte, und versprach, sie reich zu belohnen.

Die Burschen jagten alle Anwesenden aus dem Zimmer und begannen mit ihrem Zauberstock auf die Tote einzuschlagen. Nach einer Weile lugte der Vater ins Zimmer, um zu sehen, wie die Ärzte die Tote ins Leben zurückrufen. Als er sah, was sie machten, rief er seine Diener und ließ beide verprügeln.

„Was habe ich euch angetan", jammerte der unglückliche Vater, „daß ihr eure Rache an meiner armen Tochter ausübt?"

„Wir dachten, dies sei ein Zauberstock, denn uns hat er wieder lebendig gemacht, als wir tot auf dem Weg lagen. Wir wollten dir helfen, damit du uns etwas zum Essen gibst!"

Der Reiche begriff, daß die zwei keine Bösewichte, sondern Dummköpfe waren.

„Ach, ihr Dummköpfe!" sagte er. „Ihr hättet in mein Haus treten sollen, um euch vor meiner Tochter zu verneigen und sagen: Ach, Schwester! Warum hast du uns verlassen? Wir trauern sehr um dich und beweinen dich!"

Die zwei Burschen gingen weiter und kamen zu einem Haus, in dem lustig eine Hochzeit gefeiert wurde. Sie gingen hinein und jammerten mit Tränen in den Augen:

„Ach, Schwester! Warum hast du uns verlassen? Wir trauern sehr um dich und beweinen dich..."

Die Hochzeitsgäste sprangen schimpfend auf und verprügelten die Burschen.

„Wir wollten euch nur Gutes tun, damit ihr uns etwas zum Essen gebt", erklärten sie.

Die Hochzeitsgäste sahen nun, mit wem sie es zu tun hatten und sagten:

„Ihr Dummköpfe! Warum habt ihr gejammert und geweint? Ihr hättet euch mit uns freuen sollen und alles wäre in Ordnung gewesen!"

Die Burschen gingen weiter, bis sie zu einem Haus kamen, wo sich ein Mann und eine Frau laut beschimpften und prügelten. Sogleich begannen die beiden Burschen um die Streitenden herumzutanzen und zu singen:

„Ach, sind wir aber froh! Sind wir aber glücklich! Ach, sind wir aber froh, daß ihr glücklich seid!"

Der Mann und die Frau ließen voneinander ab und stürzten sich auf die zwei Burschen.

„Wir wollten euch nur Gutes tun, damit ihr uns etwas zum Essen gebt!" wehrten sich die beiden.

Der Mann und die Frau erkannten, wen sie vor sich hatten, und sagten:

„Ach, ihr Dummköpfe! Seid ihr blind? Ihr hättet zwischen uns springen sollen und uns vom Streit abhalten..."

Die Burschen gingen weiter und kamen auf eine Wiese, auf der zwei Büffel miteinander kämpften.

„He! Hört auf, ihr beiden! riefen sie. „Versöhnt euch! Vergeßt nicht, daß ihr Mann und Frau seid!“

Sie sprangen zwischen die Tiere, um sie auseinanderzutreiben, aber die Büffel nahmen die zwei Burschen auf die Hörner und töteten sie.

Wie die Vögel miteinander freund wurden

Vor langer, langer Zeit hielten die Vögel untereinander keine Freundschaft, sondern einer war des anderen Feind und Widersacher. Wenn ein Vogel einen anderen nur erblickte, rief er sofort: „Ich bin viel besser als du!"

Dann antwortete der andere: „O nein, ich bin besser!"

Sogleich begannen sie zu raufen und verletzten sich dabei.

Eines schönen Tages traf der Fasan eine Krähe, und weil er keine Lust hatte, mit ihr Streit anzufangen, sagte er: „Krähe, du bist viel besser als ich."

Diese Worte erstaunten die Krähe nicht nur, sondern schmeichelten ihr sehr. Deshalb erwiderte sie höflich: „O nein, Fasan, du bist besser."

Danach setzten sich die beiden Vögel auf einen Ast und begannen eine freundschaftliche Unterhaltung.

„Du gefällst mir, Krähe", meinte der Fasan. „Wir sollten einander nahe bleiben."

„Gut, gut", erwiderte die Krähe. Und beide Vögel richteten sich auf einem Baum ein.

Je länger sie nebeneinander lebten, desto besser verstanden sie sich und waren immer sehr höflich zueinander.

Alle andern Vögel beobachteten erstaunt den Fasan und die Krähe. Und sie konnten sich gar nicht erklären, warum sich die beiden weder stritten noch bekämpften. Darum beschlossen sie, die beiden auf die Probe zu stellen. Als die Krähe einmal nicht daheim war, kamen alle zum Fasan und fragten ihn: „Wie ist es nur möglich, daß du mit dieser nichtswürdigen Krähe auf einem Baum leben kannst?"

„Wie könnt ihr nur so reden", gab der Fasan entrüstet zurück. „Die Krähe ist

viel besser als ich und erweist mir eine große Ehre, daß sie mit mir auf diesem Baum wohnt."

Am andern Tag war der Fasan nicht zu Haus, und da fragten die Vögel die Krähe: „Krähe, wie kannst du nur auf einem Baum mit diesem nichtswürdigen Fasan leben?"

Auch die Krähe antwortete: „Wie könnt ihr nur so reden. Der Fasan ist besser als ich und erweist mir eine große Ehre, daß er mit mir auf diesem Baum wohnt!"

Diese wirklich würdevolle Freundschaft zwischen Fasan und Krähe wirkte so nachhaltig auf die gesamte Vogelschar, daß sie sich die Frage vorlegten: „Warum können wir nicht ebenso leben wie der Fasan und die Krähe, ohne uns zu streiten und zu schlagen?"

Seither sind die Vögel miteinander befreundet, und einer schätzt den anderen.

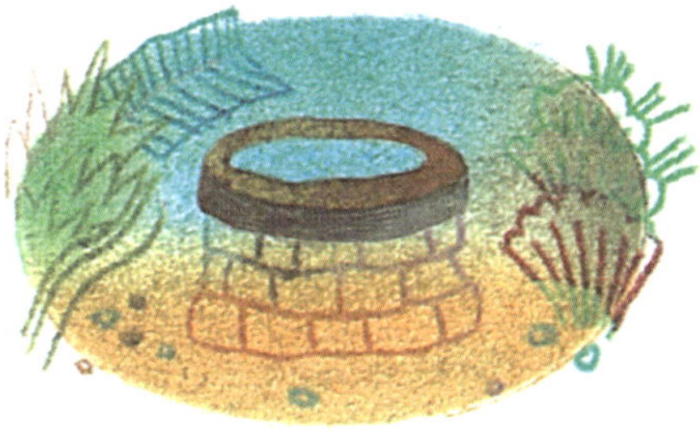

Das schlaue Kaninchen

Es war einmal ein Kaninchen im Dschungel. Mit allen Tieren hatte es schon Schabernack getrieben und verspürte jetzt Lust, seinen Übermut auch an den Menschen zu erproben. Also lief es ins nächste Dorf und versteckte sich am Weg.

Nach längerer Zeit kam eine alte Frau, die einen schweren Korb trug. Schnell legte sich das Kaninchen mitten auf den Weg und stellte sich tot.

Als die alte Frau das Kaninchen so reglos liegen sah, dachte sie an einen guten Braten, hob es auf und warf es in ihren Korb. Darin lagen duftende Bananen. Sofort machte sich das Kaninchen ans Futtern, und als es die Bananen verspeist hatte, sprang es aus dem Korb und verschwand.

Im nächsten Dorf, wohin es gelangte, hatten sich die Bewohner gerade versammelt, um dem Geist der Bananen zu opfern und dem feierlichen Opfertanz zuzusehen. Das Kaninchen lief flugs zum Brunnen am Dorfausgang und schrie: „Ein Tiger ist im Brunnen! Ein Tiger liegt im Brunnen!“

Sofort liefen alle, die Bauern wie die Tänzer, zum Brunnen, um den Tiger zu töten. Das Kaninchen verzehrte derweil zufrieden die Bananen, die die Dorfbewohner als Opfergabe für die Geister dargebracht hatten.

Das Kaninchen hielt sich jetzt für blitzgescheit und verachtete die Menschen, weil diese so leicht auf seine Lügen hereingefallen waren.

Als es ins dritte Dorf kam, sprang es behende über alle Umfriedungen, lief in alle Küchen, wo niemand zu Hause war, und fraß alle Bananen, die es fand.

Schließlich kamen die Bauern aber doch dahinter und warfen mit Steinen nach ihm, und nur mit Mühe entkam es den wütenden Menschen.

Ein Stückchen außerhalb des Dorfes entdeckte es dann einen Brunnen, der ausgetrocknet war. Sein scharfer Blick drang hinunter bis auf den dunklen Grund, der trocken war. Als eine Gruppe von Menschen näher kam, sprang das Kaninchen in den Brunnen und schrie: „Hilfe, Hilfe, Leutchen, ich ertrinke!"

„Geschieht dir ganz recht", sagten die Menschen und blickten in den Brunnen hinab. Sie konnten aber nicht so gut sehen.

Die einen freuten sich, daß der Dieb endlich ertrunken war, und die anderen wollten, als man ihnen die Schandtaten des Kaninchens erzählte, Gewißheit haben und schickten deshalb einen Jungen nach einem Strick ins Dorf. Eine Weile später kam der Junge mit dem Strick zurück; den ließ man in den Brunnen hinunter, um festzustellen, wieviel Wasser sich noch darinnen befand. Rasch wand sich das Kaninchen den Strick um den Leib.

„Dieser Brunnen muß sehr tief sein", sagten die Bauern. „Der Strick reicht ja nicht bis auf den Grund hinab. Schauen wir zumindest, ob wirklich Wasser drinnen ist."

Damit begannen sie, den Strick hinaufzuziehen. Das schlaue Kaninchen spuckte auf den Strick, um ihn feucht zu machen, und die Bauern glaubten wirklich, daß es im Brunnen ertrunken sei. So ließen sich die Menschen täuschen und gingen davon. Kaum waren sie fort, sprang das Kaninchen aus dem Brunnen und lief weg. Nun war es so eingebildet, daß es glaubte, das klügste Wesen auf der ganzen Welt zu sein.

Plötzlich kam ihm ein alter Mann mit einem Korb auf dem Nacken entgegen.

„Dem muß ich zeigen, wie schlau ich bin", sagte es sich. „Was soll ich mir bloß noch ausdenken? Ach was, wozu sich den Kopf zerbrechen. Besser eine alte erprobte List als eine neue."

Damit legte es sich an den Straßenrand und stellte sich wieder tot.

Der alte Mann hatte das Kaninchen genau beobachtet, und deshalb war ihm sofort klar, was hier gespielt wurde.

„Aha, ein totes Kaninchen", rief er laut und schlug mit seinem Stock so heftig zu, daß es mit einem Schlag aus war mit dem Kaninchen.

Zu Hause briet er dann das Kaninchen und verspeiste es.

Die drei Eier der Drachenprinzessin

Vor langer, langer Zeit, lebte im nördlichen Gebirge die Tochter des Drachenkönigs Naga. Sie war so schön, daß sich der Sonnengott in sie verliebte. Er stieg auf die Erde herunter und lebte mit ihr. Dann kehrte er wieder in sein Reich am Himmel zurück.

Die Prinzessin gebar nach einiger Zeit drei Eier und brütete sie liebevoll. Als sie hörte, daß in den Eiern kleine Herzen zu schlagen begannen, rief sie eine Krähe, die zu jener Zeit noch weiß war, befahl ihr zum Sonnengott zu fliegen und ihm zu sagen, daß seine drei Kinder bald zur Welt kommen würden.

Der Sonnengott hörte sich die freudige Botschaft an, nahm aus seinen Schätzen einen großen Rubin, der den Wert eines Königreiches hatte, gab ihn der Krähe und sagte:

„Sage meiner Liebsten, daß ich jetzt nicht auf die Erde hinuntersteigen kann, um meine Kinder zu sehen. Gib ihr diesen Rubin, sie soll für meine Kinder dafür ein Königreich kaufen."

Die Krähe nahm das Bündelchen mit dem Edelstein in den Schnabel und flog zurück zum nördlichen Gebirge.

Während sie so dahinflog, fiel ihr Blick auf eine Karawane, die neben dem Weg rastete. Fünfhundert Kaufleute aßen dort, umringt von einer Schar hungriger Vögel, die sich auf die weggeworfenen Speisereste stürzten. Die Krähe fühlte plötzlich Hunger. Sie versteckte das kostbare Bündel unter einem Strauch und mischte sich unter die anderen Vögel.

Einer der Kaufleute hatte jedoch bemerkt, daß die Krähe etwas versteckt hatte und schlich sich verstohlen zum Strauch. Er fand das Bündel mit dem Rubin, behielt den wertvollen Schatz und legte an seiner Stelle ein Stück Kuhmist ins Bündel.

Die Krähe kehrte zum Strauch zurück, nahm das Bündel in den Schnabel und flog ahnungslos weiter.

Unbeschreiblich war die Freude der Prinzessin, als sie die Krähe wiedersah. Als sie jedoch das Bündel aufknotete, verwandelte sich ihre Freude in Leid. Niemand konnte die Prinzessin trösten und nach kurzer Zeit starb sie.

Als der Sonnengott von diesem Unglück erfuhr, warf er einen so zornigen Blick auf die Krähe, daß ihr weißes Gefieder schwarz wurde. Seit diesem Tag ist die Krähe schwarz. Die drei verlassenen Eier lagen lange in den Bergen. Nichts schlüpfte aus ihnen heraus, weil ihnen Wärme und die mütterliche Fürsorge fehlte. Schließlich kam die Regenzeit, die Eier wurden in den Fluß Irawadi geschwemmt und der Strom trug sie flußabwärts. Das erste Ei prallte im Oberen Birma an einen Felsen und zersprang. Eine Unzahl herrlicher Rubine fielen aus ihm heraus.

Das zweite Ei trug der Strom ins Mittlere Birma. Dort prallte es gegen einen Felsen und ein Tiger sprang aus ihm heraus.

Das dritte Ei schwamm auf dem Fluß Irawadi stromabwärts, bis es im Unteren Birma an einen Felsen prallte. Es zersprang und ein Krokodil kroch aus ihm heraus.

Warum der junge Hirsch bellt

Eines Tages stapfte ein mächtiger Hirsch durch den Wald und rief immer wieder:

„Ei, ei! Ich bin ein kühner Soldat, ein furchterregender Kämpfer!"

Und er ähnelte wirklich mit seinem mächtigen Geweih und dem starken Körper einem Soldaten.

Ein junger Hirsch ahmte den großen nach. Hoch hob er den Kopf, stolzierte mit geschwellter Brust durch Wald und rief:

„Ei, ei! Auch ich bin ein kühner Soldat, ein schrecklicher Kämpfer!"

Ein Affe saß auf einem Baum, spielte mit einer Liane und plapperte vor sich hin:

„Rolle das Seil ein! Rolle das Seil ein!"

Er schaute hinunter und bemerkte den kleinen Hirsch, der gewichtig und ernst herummarschierte und sich aufspielte. Der Affe begann laut zu lachen.

„Worüber lachst du, du Baumwipfelaffe?" rief der kleine Hirsch.

„Über dich, mein Bester!" antwortete der Affe und rief laut: „Rolle das Seil ein! Rolle das Seil ein!"

„Du willst mich doch am Ende nicht mit deinem dummen Seil fangen?" sagte der kleine Hirsch voll Verachtung.

Der Affe fand ihn keiner Antwort würdig und spielte weiter mit der Liane.

„Na warte!" schrie der kleine Hirsch prahlerisch. „Ich werde jetzt den Baum umkippen und du fällst auf die Erde!"

Und er machte sich sofort an die Arbeit, nahm einen Anlauf und rannte mit gesenktem Kopf auf den Baum zu. Doch der kippte nicht um, aber die Hörner des kleinen Hirschen blieben im Stamm stecken. Der arme Kerl zerrte aus Leibeskräften, aber das Geweih steckte fest.

Die Sonne war schon untergegangen, es dunkelte und er konnte und konnte sich nicht befreien.

Der Affe saß noch immer auf dem Baum, schaukelte sich auf der Liane und spottete:

„Rolle das Seil ein! Rolle das Seil ein!"

Ein Leopard machte sich auf die Jagd. Der junge Hirsch erschrak und begann zu bitten:

„Hochverehrter Herr Affe, rette mich vor dem Leoparden. Du weißt ja, er hat so scharfe Augen, daß er mich auch im Dunkeln sieht!"

Dem Affen tat der junge Hirsch leid und er sagte:

„Belle wie ein Hund und ich werde schreien wie ein Mensch. Der Leopard wird glauben, daß ihm ein Jäger mit seinem Hund nachstellt und wird sich aus dem Staub machen."

Der junge Hirsch bellte wie ein Hund und der Affe schrie wie ein Mensch.

Der Leopard bekam Angst und floh.

Als es tagte, kletterte der Affe vom Baum und befreite den jungen Hirsch.

„Ich werde nie wieder prahlen", versprach der, „und nie wieder werde ich mich aufspielen. Ich bin kein kühner Soldat und kein schrecklicher Kämpfer. Ich werde lieber bellen!"

Dann bedankte er sich höflich beim Affen und lief bellend davon.

Der König und der Feldherr

Eines Tages versammelten sich alle Fische und Insekten, um sich zu beraten.

„Wir vereinen uns und besiegen alle Tiere!“ beschlossen sie. „Dann wird die ganze Welt uns gehören – das Wasser und die Erde!“

Die Fische und Insekten wählten den schlauesten und geschicktesten Fisch zum König und ernannten die Heuschrecke zum Feldherrn, der am besten mit dem Schwert umgehen konnte. Sie billigten den vorgeschlagenen Kampfplan und überfielen die Tiere.

Der Kampf war blutig und endete mit der Niederlage der Tiere.

Die Fische und Insekten feierten ihren Sieg mit einem Festgelage. In riesigen Kesseln kochten sie die im Kampf gefallenen Tiere. Dem Fischkönig und dem Heuschreckenfeldherrn setzten sie die besten Bissen in goldenen Schalen vor. Die beiden waren unersättlich. Sie aßen und tranken so lange, bis sich dem einen der Bauch aufblähte und prall wie eine Trommel war, und der andere nicht mehr atmen konnte. Als der Feldherr zu ersticken drohte, begannen die Insekten und Fische mit aller Kraft auf seinem Kopf und Rücken herumzutrommeln. Das half, der Feldherr konnte wieder atmen, aber sein Kopf und sein Körper waren plattgedrückt.

Plötzlich wurde die Siegesfeier durch die Alarmtrompete unterbrochen. Die Wachtposten riefen alle auf ihre Plätze zurück, denn die Tiere hatten sich von ihrer Niederlage erholt und rüsteten sich zum Kampf. Die Insekten und Fische formierten sich schnell und forderten den König auf, seinen Platz an der Spitze des Heeres einzunehmen. Aber der vollgestopfte König konnte sich nicht vom Tisch erheben. Sie suchten daher den Feldherrn, aber den hatten die Schläge auf den Kopf um seinen Verstand gebracht. Er packte sein Schwert und begann damit die eigenen Soldaten niederzuschlagen. Die Fische und Insekten flohen nach allen Seiten und die Tiere regierten wieder selbst in ihrem Reich.

Als die Tiere den König der Fische und den Heuschreckenfeldherrn gefangennahmen, wollten sie beide zum Tode verurteilen. Aber der bauchige Fisch und der platte Feldherr waren so komisch, daß sie sich an ihnen krumm und schief lachten und sie freiließen.

Seither nennt man in Birma den Igelfisch Dickwanst und Heuschrecke Schwertträger.

Warum die Wachtel auf einem Bein steht

Früher jagten die Menschen keine Vögel, deshalb fürchteten die sich nicht und stoben nicht nach allen Seiten auseinander, wenn sich ihnen ein Mensch näherte. Später fanden die Menschen jedoch Geschmack am Vogelfleisch. Anfangs fingen sie nur Hühner, aber nach und nach begannen sie auch andere Federtiere zu essen.

Eine kleine, kluge, immer sehr wachsame Wachtel begriff, daß man den Menschen nicht mehr trauen konnte. Sie lief vor ihnen nicht weg, war aber sehr vorsichtig.

‚Am wichtigsten ist', sagte sie sich, ‚daß man sich von den anderen Vögeln unterscheidet.'

Wenn sich ein Mensch näherte, zog sie immer flink ein Bein unter den Flügel und blieb darauf stehen. Die Menschen waren sich nicht sicher, ob dies ein Vogel sei, und ließen die Wachtel in Ruhe. Später fanden sie heraus, daß die Wachtel doch ein Vogel war und ein sehr schmackhaftes Fleisch hatte. Sie fingen die kleine Wachtel und wollten sie schon rupfen. Da fing sie an zu singen:

„Die Wachtel, die Wachtel steht auf einem Bein,
bitter ist ihr Fleisch, es muß sehr giftig sein!"

Die Menschen erschraken.

„Wahrhaftig", sagten sie, „dieser Vogel ist krank. Wenn die Wachtel krank ist, wird gewiß auch ihr Fleisch giftig sein."

Sie ließen die Wachtel frei und sie flog weg in sichere Entfernung. Sie beschloß, sich nie wieder einem Menschen zu nähern. Aber dann bekam sie Lust, die Menschen zu verspotten, weil sie sich von ihr hatten überlisten lassen. Sie wankte hin und her, hopste auf beiden Beinen herum, damit sie jeder sähe und sang:

„Die Wachtel, die Wachtel steht auf beiden Füßen,
lecker ist ihr Fleisch, ein wahrer Leckerbissen.“

Seit diesem Tag steht die Wachtel oft auf einem Bein, um die Menschen daran zu erinnern, wie geschickt sie sie einst überlistet hat.

Warum der Nußhäher ein so winziger Vogel ist

Einmal ging der Löwe, der König aller Tiere und Vögel, am Meeresstrand auf und ab und sprang dann ins Wasser, weil er ein Bad nehmen wollte. Plötzlich tauchte der Drache Naga auf, der Beherrscher aller Bewohner des Meeres, und beschuldigte den Löwen, er habe die Grenze seines Reiches überschritten. Sofort entbrannte ein heftiger Streit. Schließlich einigte man sich, miteinander die Kräfte zu messen, und wer siegte, solle dann den Besiegten auffressen können.

Nun brüllte der Löwe so gewaltig, daß ein paar Tiere, die gerade in seiner Nähe waren, vor Schreck starben. Danach blickte der Drache ein paar vorbeilaufende Hirsche böse an, worauf sie sich sofort in Asche verwandelten.

„Wer von uns ist also der Mächtigste?“ rief Naga siegesbewußt.

Da mußte der Löwe einsehen, daß Naga weit mächtiger war als er.

„Laß mir noch ein paar Tage, damit ich mich von meiner Familie verabschieden kann“, bat er Naga. „Dann magst du mich getrost auffressen.“

Der Drache war einverstanden. Er befahl dem Löwen, am siebten Tag ans Meeresufer zu kommen, und tauchte wieder unter.

Traurig begab sich der Löwe nach Hause.

Ein kleines Kaninchen bemerkte unterwegs, daß des Löwen Laune nicht so gut wie sonst war, und wagte es, seinen König nach dem Grund seiner Traurigkeit zu fragen, und der Löwe erzählte ihm, was geschehen war.

„O mein König, sei nicht länger traurig“, rief das Kaninchen aufmunternd, „noch ist nichts verloren. Ich denke mir schon etwas aus, um dich zu retten.“

Danach lief das Kaninchen ins Dickicht und suchte nach seinem guten Freund, dem Vogel Herold.

„Hör zu, mein lieber Freund“, begann es. „Auf Befehl unseres Königs fliegst du jetzt überall hin. Bist du schon einmal dem Vogel Galon begegnet, der alle Drachen vertilgt?"

„Wohl habe ich von diesem seltenen Vogel gehört", meinte der Herold, „aber ich habe ihn noch nicht mit eignen Augen gesehen. Er besucht nie unsere Wälder. Weil der Löwe keine Macht über ihn hat, brauchte ich noch nie zu ihm zu fliegen."

„Das heißt also, daß man den Vogel Galon unmöglich finden kann?" Das Kaninchen war sehr erschrocken.

„Ja, das wird sehr schwer sein", lautete die Antwort. „Selbst wenn ich ihn fände, würde er nicht kommen, weil er kein Untertan unseres Königs ist."

„Oh, dann müssen wir uns was anderes ausdenken."

Nachdem das Kaninchen eine Weile überlegt hatte, fuhr es fort: „Im Namen des Königs befehle ich dir, alle Vögel zu bitten, am siebten Tag früh am Morgen an den Strand zu kommen."

Wirklich flogen viel tausend Vögel am Morgen des siebten Tages ans Meeresufer, so daß der Himmel schwarz von ihnen war.

„Nun brauche ich einen sehr großen Vogel", sagte das Kaninchen.

Als erster trat der Adler vor, dann der Storch und schließlich der Geier.

„Er muß noch größer sein, viel größer", rief das Kaninchen.

Da trat ein sehr seltsamer Vogel vor; er war fett und majestätisch wie ein alter Elefant.

„Was bist du denn für ein Vogel?" rief das Kaninchen erstaunt. „Ich glaubte alle Tiere und Vögel zu kennen, dich habe ich aber noch nie gesehen."

Stolz verkündete der Vogel Herold: „Dieser Vogel heißt Groß-Dumm-Bunt. Er ist sehr scheu und hält sich immer abseits. Sogar ich, der königliche Herold, habe ihn in meinem ganzen Leben nicht mehr als zwei- oder dreimal gesehen. Nur aus Treue zu unserem Herrscher ist er heute hergekommen."

„Wie klug von dir, Herold, daß du ihn hergebeten hast", rief das Kaninchen hocherfreut.

Auch alle übrigen Tiere und Vögel freuten sich und nennen seither den Vogel Herold einen Weisen.

Das Kaninchen befahl dem großen Vogel, sich hinter einem Baum zu verstecken und erst dann mit seinen Flügeln zu schlagen und mit seinem Schnabel zu klappern, wenn der Drache aus dem Meer kommt.

Dann rief er den Löwen, er solle ans Meeresufer kommen. Der Löwe kam und brüllte laut zum Zeichen, daß er für den Drachen bereit sei. Urplötzlich tauchte der Drache Naga aus den Meerestiefen auf.

„Hoho", rief er schadenfroh. „Jetzt also ist der König aller Tiere persönlich zu mir gekommen, um zum Mittag gefressen zu werden!"

Im selben Augenblick schlug der Vogel Groß-Dumm-Bunt mächtig mit seinen Flügeln und klapperte mit seinem riesengroßen Schnabel.

„Wer ist denn das?“ fragte der Drache erschrocken.

„Der Vogel Galon“, flüsterte ihm das Kaninchen ins Ohr. „Er hat gehört, daß du heute morgen aus dem Meer auftauchst und den Löwen fressen willst. Darum wartet er seit dem Morgengrauen hinter diesem Baum...“

Mit einem Mal sprang der Drache hoch und tauchte sofort bis auf den Meeresgrund.

„Wohin so eilig, Freundchen?“ rief ihm das Kaninchen lachend nach.

„Vielen Dank, lieber Vogel Groß-Dumm-Bunt“, sagte der Löwe. „Du hast mir das Leben gerettet.“

Nun drängten alle Tiere und Vögel zum Vogel Groß-Dumm-Bunt, umarmten und küßten ihn. Das wollte und wollte kein Ende nehmen. Durch das ewige Umarmen und Küssen schrumpfte der riesengroße Vogel nach und nach zusammen, bis er ganz klein und ein winziges Vöglein war. Weil er nicht mehr größer als eine Nuß war, nannte man ihn Nußhäher, und sein alter Name geriet ganz in Vergessenheit. Wie hätte es auch anders sein können, denn ein so riesengroßer Vogel hätte niemals durch alle Ritzen und Löcher im Zaun schlüpfen können.

Warum die Schnecken keine Müdigkeit kennen

Einmal galoppierte ein stolzes Pferd an einer Schnecke vorbei und schnaubte verächtlich: „He, du da, kriech beiseite, hier kommt ein Schnelläufer!"

„Wir Schnecken laufen nur um die Wette", entgegnete die Schnecke würdevoll.

Da fing das Pferd an zu lachen.

„Willst du mich vielleicht zum Wettlauf herausfordern?"

„Gewiß doch", erwiderte die Schnecke. „Sei morgen in aller Frühe zur Stelle, und wir messen unsere Kräfte!"

Das Pferd ging gern darauf ein.

Kaum war es davongaloppiert, rief die Schnecke ihre Brüder, Schwestern, Onkel, Tanten, Vettern und Basen zusammen und sprach: „Sicherlich habt ihr alle schon davon gehört, daß Pferdefleisch eine große Köstlichkeit ist und besonders gut gegen alle Müdigkeit. Möchtet ihr euch nicht einmal an diesem Fleisch satt essen?"

Die gesamte Verwandtschaft träumte schon lange von so einem Festmahl.

„Nun also", fuhr die Schnecke fort, „dann hört mir gut zu!"

Und sie gebot ihren Brüdern und Schwestern, Tanten, Onkeln, Vettern und Basen, sich an der Straße alle zweihundert Schritte voneinander entfernt aufzustellen. Danach ging sie zufrieden schlafen. Die andern Schnecken krochen an Ort und Stelle. Als alle aufgestellt waren, dämmerte es bereits.

Da kam das Pferd auch schon herangeeilt und fragte hochmütig: „Nun, verehrter Läufer, bist du zum Wettlauf bereit?"

„Gewiß doch", erwiderte die Schnecke. „Wir machen es so, daß wir uns alle zweihundert Schritte zurufen, um festzustellen, wer zurückgeblieben ist."

Das Pferd willigte ein, und der Wettlauf begann.

Das Pferd stürzte davon wie ein Pfeil. Die Schnecke kroch gemütlich ein Stückchen hinterdrein und glitt dann in die Wiese neben der Landstraße.

Nach zweihundert Schritten rief das Pferd höhnisch: „Heda, wo sind Sie denn, sehr geehrter Läufer?“

„Hier“, antwortete ein Bruder der Schnecke.

Das Pferd blickte sich um; da kroch tatsächlich eine Schnecke gemächlich neben ihm.

Dich überhole ich schon noch, dachte das Pferd bei sich und sauste wie der Sturmwind davon.

Nach zweihundert Schritten gewahrte es wieder eine Schnecke auf der Straße, und so ging es fort und fort. Schließlich hatte das Pferd alle seine Kräfte erschöpft und fiel tot zur Erde. Jetzt krochen alle Schnecken zum toten Pferd und fraßen es auf.

Seit jenem Tag kennen die Schnecken keine Müdigkeit mehr.

Warum die Krähe die Kuckuckseier ausbrütet

Es war einmal ein sehr unartiger Junge. Als er eine Eule sah, warf er eine Lehmkugel nach ihr, und die Kugel blieb im Schwanz der Eule stecken. Das tat sehr weh.

Als die Schmerzen nicht aufhören wollten, suchte die Eule ihre Freundin, die Krähe auf und bat um Hilfe.

„Meine Liebe, ich bin keine Ärztin“, sagte die Krähe. „Aber ich kann dich zum Kuckucksweibchen bringen, das versteht sich ausgezeichnet aufs Heilen von Wunden.“

Sie flogen also zum Kuckucksweibchen, das zunächst überhaupt nichts davon hören wollte, die Eule zu heilen. Es wußte nämlich sehr wohl, daß die Eule falsch ist und sicher nichts für ihre Heilung bezahlen wollte.

Schließlich bat die Krähe für ihre Freundin, und das Kuckucksweibchen ließ sich herbei, einen Ratschlag zu erteilen.

„Diese Wunde läßt sich nur mit Wasser heilen. Am besten, Sie suchen sich eine kleine Pfütze und stecken den Schwanz so lange hinein, bis der Schmerz aufhört.“

Die Eule tat, wie ihr geheißen. Und es dauerte wirklich nicht lange, und der Lehm löste sich im Wasser auf, und der Schmerz war vergangen. Zuerst war die Eule hocherfreut, dann wurde sie aber wütend.

„Wie dumm von mir“, schimpfte sie laut vor sich hin, „hätte ich nur ein bißchen nachgedacht, wäre ich bestimmt von selbst darauf gekommen, den Schwanz ins Wasser zu stecken. Und das Kuckucksweibchen wagt es noch, für diese Geringfügigkeit Geld zu verlangen!“

Gegen Abend kam das Kuckucksweibchen, um nach seiner Patientin zu sehen.

„Nun, meine Teuerste, wie fühlen Sie sich?“ fragte sie.

„Ach“, näselte die Eule von oben herab und stellte sich dumm, „wie soll es mir schon gehen? Ganz gut. Ich danke.“

„Also war mein Heilmittel richtig“, sagte das Kuckucksweibchen selbstbewußt und streckte das Bein aus, weil es nicht geradezu um das Geld bitten wollte, um nicht würdelos zu erscheinen.

„Oh, was für ein hübsches Bein Sie haben!“ rief die Eule begriffsstutzig.

Nun versuchte das Kuckucksweibchen dies und das, um die Eule daran zu erinnern, daß sie für die Heilung bezahlen müsse. Aber die Eule tat, als ob sie nicht verstehe. Schließlich verlor das Kuckucksweibchen die Geduld. Ob es schön ist oder nicht, ich muß das Meinige verlangen!

„Und was ist mit meinem Lohn?“ fragte sie.

„Leider kann ich Sie nicht bezahlen, Frau Kuckuck, denn nicht Sie haben mich geheilt, sondern das Wasser“, antwortete die Eule. Und damit schlug sie dem Kuckucksweibchen die Tür vor der Nase zu.

Das reingelegte Kuckucksweibchen flog zur Krähe und schrie: „Ich habe es ja gleich gewußt. Deine liebe Freundin will nicht bezahlen, was sie mir schuldig ist. Das Wasser habe sie geheilt und nicht ich!“

„Meine Freundin scherzt sehr gern“, erwiderte die Krähe. „Sie hat es gewiß nicht so bös gemeint. Komm, wir fliegen noch einmal zu ihr.“

„Na gut“, rief das Kuckucksweibchen, „schließlich geht es um meinen wohlverdienten Lohn.“

Als sie zum Eulenhäuschen kamen, fanden sie es verschlossen. Sie klopften an. Niemand öffnete. Sie klopften und klopften, aber nichts rührte sich drinnen. Schließlich brachen sie die Tür auf und fanden alles leer.

„Wo kann meine Freundin nur sein?“

„Das interessiert mich überhaupt nicht“, schrie das Kuckucksweibchen zornig. „Ich muß mein Geld haben. Wenn nicht von ihr, dann von dir, denn du hast für sie gebürgt!“

Die Krähe wehrte sich, sie sei nicht verpflichtet, für die Eule zu bezahlen, zudem besäße sie überhaupt kein Geld.

Da übergab das Kuckucksweibchen seine Sache dem Gericht. Nachdem die Eule nirgendwo gefunden werden konnte, verurteilte der Richter die Krähe, anstelle der Eule zu bezahlen. Und weil sie kein Geld hatte, mußte sie von nun an die Kuckuckseier versorgen.

Als die Krähe dieses Urteil vernahm, schwor sie, die Eule zu finden und sie zu töten. Die Eule hörte es und versteckte sich in einem hohlen Baum. Aus dem Loch kam sie nur nachts zur Jagd heraus, wenn die Krähe schlief.

Dies alles geschah vor langen Zeiten, aber immer noch versteckt sich die Eule in hohlen Bäumen und fliegt nur nachts aus.

Die Krähe aber, das arme Ding, muß bis heute die Kuckuckseier ausbrüten.

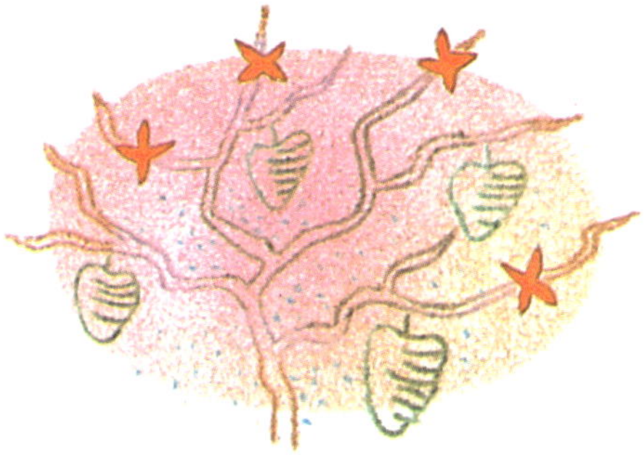

Vier Jünglinge und ein Wanderer

In einem Dorfe lebten einmal vier Brüder, die sich ausgezeichnet darauf verstanden, Geschichten zu erzählen und unglaubliche Abenteuer zu erfinden. Eines Tages nun war ein reicher Wanderer ins Dorf gekommen und hatte sich in der Herberge einquartiert.

Diese vier Großmäuler nahmen sich vor, den Wanderer um seine Kleider zu erleichtern, und fingen ein Gespräch mit ihm an.

Nach einer Weile sagte der eine Jüngling: „Wetten wir doch. Jeder von uns wird sein unglaublichstes Abenteuer erzählen, das er erlebt hat. Wer aber an der Richtigkeit der Geschichte zweifelt, wird der Sklave dessen, der sie erzählt hat."

Der Wanderer war einverstanden, und die Gauner wechselten Blicke miteinander und dachten bei sich: Was für ein alter Esel!

In Wirklichkeit dachten sie nicht daran, den Wanderer zu ihrem Sklaven zu machen, allein seine Kleider wollten sie, denn das Eigentum des Sklaven ist das Eigentum seines Herrn.

Sie holten auch noch den Richter des Dorfes herbei, der über den Sieger entscheiden sollte.

Sodann fing einer der Jünglinge zu erzählen an: „Als ich noch nicht auf der Welt war, bat meine Mutter einmal meinen Vater, ihr ein paar Pflaumen von dem Baume, der vor unserer Hütte stand, zu pflücken. Dieser Baum war ungeheuer groß, und Vater vermochte es nicht, hinaufzuklettern. Nun bat die Mutter meine Brüder, aber nicht einmal sie kamen hinauf. Da wurde meine Mutter sehr böse. Ich konnte es einfach nicht ertragen, daß sie so wütend wurde, kroch auf den Baum und pflückte die Pflaumen ab. Ich barg sie in meinem Hemd, brachte sie in die Küche und kehrte still auf meinen Platz zurück. Niemand wußte, wer die Pflaumen gepflückt hatte, aber meine Mutter war wieder guter Laune. Sie aß etliche, doch blieben eine ganze Menge übrig. Unsere Leute daheim und auch alle Nachbarn bekamen jeder sieben Pflaumen. Und immer waren es noch viele. Dann schüttete meine Mutter sie vor unserer Schwelle auf einen Haufen, und dieser Haufen war so groß, daß weder die Straße noch die Tür zu sehen war."

Der erste Aufschneider sah den Wanderer an und hoffte natürlich, daß dieser ihm nicht glaubte. Aber der Wanderer nickte zum Zeichen, daß er diese Geschichte glaubte. Da mußten auch die anderen drei Jünglinge nicken.

Nun kam der nächste Jüngling an die Reihe: „Als ich eine Woche alt war, ging ich im Wald spazieren. Plötzlich sah ich eine Tamarinde mit vielen Früchten vor mir. Weil ich hungrig war, kletterte ich schnell hinauf und aß mich satt. Danach war ich so schwer geworden, daß ich nicht mehr hinunterklettern konnte. Also lief ich ins Dorf und holte mir eine Leiter. Die stellte ich an den Baum und kletterte hinunter. Ein großes Glück für mich, daß ich die Leiter gefunden hatte, denn sonst säße ich noch heute auf der Tamarinde."

Aufmerksam betrachtete auch dieser Jüngling den Wanderer, aber der nickte nur wieder zum Zeichen seiner Zustimmung. Also mußten die andern drei gleichfalls zustimmen.

Jetzt war der dritte Schwätzer an der Reihe: „Als ich ein Jahr alt war, lief ich durch den Dschungel. Plötzlich spürte ich, daß sich etwas unter einem Strauch bewegte. Ich glaubte, es sei ein Kaninchen, und wollte es greifen. Als ich das Tier hatte, war es aber ein Tiger. Der sperrte sein Maul auf, um mich zu verschlingen. Da sagte ich nur, es wäre ungerecht, weil ich ihn für ein Kaninchen gehalten hatte und nicht für einen Tiger. Das kümmerte ihn wenig, und er riß sein Maul noch viel weiter auf. Da packte ich ihn mit der Linken an der Lefze und schüttelte ihn kräftig. Zu meiner größten Überraschung zerfiel der große Tiger in zwei Hälften und krepierte."

Der Jüngling schaute den Wanderer an, aber dieser nickte wieder. So mußten auch die andern nicken, als ob sie dieses Abenteuer wirklich glaubten.

Nun nahm der vierte Aufschneider das Wort: „Voriges Jahr fuhr ich mit meinem Boot zum Fischfang hinaus, hatte aber kein Glück. Auch die andern Fischer fingen nichts. Da entschloß ich mich kurzerhand, auf dem Grund des Flusses nachzusehen, was eigentlich los sei, und tauchte. Es dauerte fast drei Tage, bis ich schließlich auf dem Grund war. Da stellte ich fest, daß dort unten ein riesiger Fisch war, der alle Fische auffraß. Mit einem einzigen Fausthieb tötete ich den großen Fisch. Nach dieser Anstrengung war ich ziemlich hungrig geworden und entschloß mich daher, die Fische an Ort und Stelle zu vertilgen. Ich entfachte ein Feuer, briet sie schön gar und verspeiste sie. Dann machte ich mich auf den Rückweg. Mein Boot lag immer noch an derselben Stelle, wo ich es vor meinem kurzen Ausflug auf den Grund des Flusses verlassen hatte."

Auch der vierte Schwätzer sah den Wanderer aufmerksam an. Doch dieser nickte nur und schien nichts Außergewöhnliches an diesem Abenteuer zu finden. Die anderen Jünglinge machten es ihm nach.

Nun erzählte der Wanderer sein Abenteuer.

„Es ist schon ein paar Jahre her, daß ich eine Baumwollfarm besaß. Einer dieser Bäume zeichnete sich durch eine ungewöhnliche Höhe und sehr rote Früchte aus. Lange hatte er weder Äste noch Blätter. Schließlich wuchsen ihm vier Äste ohne Blätter, aber an jedem Ende hing eine Frucht. Ich pflückte die vier Früchte ab und schnitt sie auf. Aus jeder Frucht sprang ein Jüngling heraus. Weil sie aus meinem Baumwollbaum hervorgegangen waren, waren sie laut Gesetz meine Sklaven und mußten deshalb auf meiner Farm arbeiten. Aber sie waren faul und saßen lieber herum und erzählten Geschichten, statt zu arbeiten. Nach einigen Wochen verschwanden sie. Seither wandere ich durch das ganze Land und suche sie. Jetzt bin ich wirklich froh, daß ich sie hier endlich in der Herberge gefunden habe. Ihr, liebe Jünglinge, wißt sehr wohl, daß ihr meine Sklaven seid. Kommt also zurück auf meine Farm und macht mir keine Sorgen."

Die vier jungen Männer waren in großer Verlegenheit, weil ihre Lage hoffnungslos war. Wenn sie sagten, daß diese Geschichte des Wanderers wahr sei, würden sie zugeben, seine Sklaven zu sein. Sagten sie aber, sie sei unwahr, hätten sie die Wette verloren und wären ebenfalls seine Sklaven.

Dreimal fragte der Richter die Schwätzer, ob sie die Begebenheit des Wanderers glaubten oder nicht, aber sie schwiegen nur.

Danach verkündete der Richter seinen Spruch. Der Fremde hatte die Wette gewonnen. Großmütig erklärte der Wanderer darauf den Vieren: „Eure Kleider gehören mir, denn ihr seid meine Sklaven. Zieht sie aus und gebt sie mir. Dann entlasse ich euch in die Freiheit."

Die jungen Leute mußten dem Wanderer ihre Kleider geben, der sie in seinen Rucksack steckte und seines Weges ging.

Die drei Dummköpfe

Es war einmal ein weises Kaninchen. Eines Tages saß es unter einem Baum und überlegte mit lauter Stimme.

„Auf Schritt und Tritt lauern Unglück und allerlei Gefahren auf uns", sagte es. „Zum ersten haben wir die Naturkatastrophen, Erdbeben, Lawinen und Stürme. Zum zweiten den Hunger. Und zum dritten Diebe und Räuber..."

Dann erinnerte es sich aber daran, daß es Wichtigeres zu tun gebe, und verschwand im Dschungel.

Zufällig befanden sich aber gerade ein Kiebitz, ein Regenwurm und ein Affe in der Nähe, und diese drei Dummköpfe wurden von Angst überwältigt, als sie hörten, was das weise Kaninchen gesagt hatte.

Den furchtsamen Kiebitz peinigte am meisten der Gedanke an die Naturkatastrophen. Er fing an zu weinen und sagte: „Was wird nur aus mir, wenn der Himmel auf mich herabstürzt, wie werde ich dann schlafen? Am Tage könnte ich ja noch davonfliegen, aber nachts? Oh! Oh! Oh!"

Den Regenwurm beunruhigten mehr die Worte über den Hunger, und er begann ebenfalls zu weinen: „Und was, wenn es einmal zuwenig Erde geben wird, die meine Nahrung ist? Das wird mein Unglück sein, daran sterbe ich."

Der Affe aber dachte an die Diebe und jammerte mit weinerlicher Stimme: „Die Erde ist mein größter Reichtum. Gewiß, nachts verlasse ich sie, weil ich auf dem Baum schlafe, aber wenn ein Dieb kommt, während ich schlafe, und sie mir stiehlt?"

Seit dieser Zeit schläft der Kiebitz auf dem Rücken und streckt beide Beine den Himmel, um ihn festzuhalten, falls er herunterfallen sollte.

Und der Regenwurm ist seitdem äußerst vorsichtig und spuckt die gefressenen Erdstückchen wieder aus, um immer genug davon zu haben.

Der Affe aber springt nachts bis zu dreimal vom Baum und betastet die Erde, um sich davon zu überzeugen, daß niemand sie gestohlen hat.

Warum sich das Kaninchen erkältet hatte

Eines Tages ernannte der Löwe, der der König der Tiere ist, den Bären, den Affen und das Kaninchen zu seinen Ministern. Von nun an gingen sie immer einträchtig in den Dschungel.

Eine ganze Zeit war alles gut gegangen, aber dann war es dem Löwen leid, seine Minister langweilten ihn ganz einfach, und er beschloß, sie aufzufressen. Weil sie aber Minister waren, suchte er zuvor nach einem triftigen Grund. Also rief er sie zu sich und richtete folgende Frage an sie: „Seit geraumer Zeit seid ihr meine Minister, und heute will ich mich davon überzeugen, ob euch dieses hohe Amt nicht verdorben hat."

Danach riß er sein Maul sperrangelweit auf und verlangte vom Bären, er solle sagen, was es für ein Geruch sei, der aus dem königlichen Maul herausdringe. Bekanntlich ernährt sich der Löwe von rohem Fleisch. Also war der Geruch, der aus seinem Maul kam, widerwärtig, wie sich nicht anders erwarten ließ. Und weil der Bär sich seit eh und je an die Wahrheit hielt, sagte er: „Majestät, es stinkt aus Eurem Maul."

„Verrat", heulte der Löwe wutentbrannt auf. „Du hast deinen König beleidigt. Also verdienst du den Tod!"

Damit warf er sich auf den Bären und zerriß ihn.

Danach fragte er den Affen, wie es aus dem königlichen Maul rieche. Nachdem der Affe gesehen hatte, wie es dem Bären ergangen war, dachte er, nur eine Lüge könne ihn retten.

„O Herr", antwortete er, „es ist ein besonders feiner Duft, so angenehm wie... der Duft von allerfeinsten Ölen."

„Lug und Betrug", brüllte der Löwe. „Ein jeder weiß doch, daß es ein widerwärtiger Gestank ist, weil ich mich von rohem Fleisch ernähre! Falsche, hinterlistige Räte sind schädlich für mein Land!"

Damit zerriß er auch den Affen.

Danach wandte er sich an das Kaninchen.

„Nun, du Weiser, sag, wie es aus meinem Maul riecht!"

„Es tut mir sehr leid, Euer Majestät, aber gestern hab ich mich erkältet, und meine Nase ist verstopft. Erlaubt mir, ein paar Tage zu Haus zu bleiben, bis ich wieder etwas besser riechen kann. Erst dann kann ich beurteilen, wie es aus dem königlichen Munde riecht."

Da blieb dem Löwen nichts weiter übrig, als der Bitte des Kaninchens zu entsprechen.

Sofort verschwand das Kaninchen im Dschungel.

Wie der Tiger und der Affe zu Feinden wurden

Vor langer Zeit lief der Tiger einmal auf einem schmalen Pfad durch den Dschungel, und da begegnete ihm ein Elefant. Sofort brüllte der Tiger: „Aus dem Weg! Ich bin der König des Dschungels!"

„Ich anerkenne nur die Herrschaft des Löwen", gab der Elefant wütend zurück. „Wegen dieser Beleidigung trample ich dich zu Tode!"

„Also dann kämpfen wir miteinander", schlug der Tiger vor. „Gewinn ich, freß ich dich auf, gewinnst du, frißt du mich auf."

Auf diesen Vorschlag ging der Elefant ein. Sofort brüllte der Tiger so laut, daß ein paar Schakale vor Schreck starben. Nun trompetete der Elefant, aber keiner fiel tot zur Erde.

„Haha" lachte der Tiger böse, „jetzt fresse ich dich, denn ich habe dich besiegt."

Der Elefant mußte seine Niederlage eingestehen und bat den Tiger nur, sich von seiner Familie verabschieden zu dürfen."

„Gut", sagte der Tiger, „aber am siebten Tag mußt du wieder hier sein."

Fünf Tage verbrachte der Elefant mit seinen Jungen und mit seinem Weibchen und lehrte sie, wie sie sich ihre Nahrung besorgen müßten. Am sechsten Tag ließ er seinen Rüssel traurig hängen und ging noch einmal durch den Dschungel spazieren. Da begegnete er dem Kaninchen; dem fiel sofort die gedrückte Stimmung des Elefanten auf. Es fragte daher, was denn los sei.

Nachdem der Elefant alles erzählt hatte, schloß er seufzend: „Und morgen muß ich sterben!"

Das Kaninchen überlegte eine ganze Weile und rief dann: „Gräm dich nicht, du wirst nicht sterben. Erwarte mich morgen früh an dieser Stelle, ich werde dich retten."

Am andern Morgen, es hatte gerade erst gedämmert, stand das Kaninchen auf und rief alle Tiere zusammen, bis auf den Affen, mit dem es sich gerade nicht vertrug, und natürlich ließ es auch den Tiger beiseite.

„Ich bitte euch alle um eine kleine Gefälligkeit", hob es an. „Im Wald muß Alarm geschlagen werden. Lauft herum und schreit: Das mächtige Kaninchen hat den Elefanten überwältigt und sucht jetzt den Tiger!"

„Gut, das machen wir", sagten die Tiere bereitwillig. „Weises Kaninchen, du hilfst uns immer im Unglück, also wollen wir dir auch einmal helfen."

Danach nahm das Kaninchen ein Bananenbüschel in seine Pfote und sprang auf den Rücken des Elefanten. Und der Elefant bewegte sich langsam zu der Stelle, wo er den Tiger treffen sollte. Durch den ganzen Dschungel dröhnte lautes Geschrei von allen Tieren: „Das mächtige Kaninchen hat den Elefanten überwältigt und sucht jetzt den Tiger!"

Dieser Lärm versetzte den Tiger in Unruhe. Zwar glaubte er nicht daran, daß das Kaninchen dem Elefanten und ihm selbst etwas antun könne, war sich aber nicht sicher und suchte nach einer Hilfe, falls sich das Kaninchen wirklich nach seinem Sieg über den Elefanten mit ihm prügeln wollte. Laut erklärte er allerdings, er schicke sich jetzt an, den Elefanten zu fressen, nicht aber das Kaninchen.

„Heute kommt er zur verabredeten Stelle", brüllte er, „und ich, der mächtige Tiger, fresse ihn auf. Kleinlich bin ich aber nicht, liebe Freunde, ich teile das Fleisch mit euch, wenn ihr mir helft."

„O nein, das können wir nicht!" antworteten alle Tiere einstimmig. „Dann würde uns das mächtige Kaninchen zusammen mit dir fressen." Damit liefen sie davon und stellten sich zu Tode erschrocken. Nur der Affe, der auf einem Ast saß und zuhörte, sprang auf die Erde und schloß sich dem Tiger an.

Sogleich begaben sich beide an den verabredeten Ort. Dort angekommen, versteckten sie sich im Busch und warteten auf den Elefanten. Dort hörten sie noch deutlicher, wie die Tiere durch den Wald liefen und schrien, daß das mächtige Kaninchen den Elefanten überwältigt habe und jetzt den Tiger suche. Ein wenig besorgt waren die beiden doch.

„Der Tiger ist treubrüchig", überlegte der Affe. „Wenn es sich zeigt, daß das Kaninchen wirklich so mächtig ist, kann er fliehen und mich hier meinem Schicksal überlassen."

Darum schlug er dem Tiger vor, sie sollten ihre beiden Schwänze zusammenknoten. Dann konnte keiner weglaufen, wenn sich der Feind näherte.

„In der Einheit liegt die Stärke, Freund Tiger", erklärte der Affe. „Wir dürfen uns nicht voneinander trennen. Wir müssen zusammenhalten."

Der Tiger, den der gleiche Gedanke beunruhigte, war einverstanden. Auch er glaubte, daß der Affe verschwinden könnte, falls das Kaninchen wirklich so mächtig war.

Also verknoteten sie ihre Schwänze und warteten. Nach einer Weile kam der Elefant. Das Kaninchen saß auf seinem Rücken, futterte Bananen und schrie ununterbrochen: „Schaut her, jetzt fresse ich das Elefantenhirn, und dann mach ich mich über den Tiger her!"

Der Tiger glaubte wirklich, daß das Kaninchen das Elefantenhirn futterte, begann vor Angst zu zittern und schlug dem Affen vor, schnell im Dschungel zu verschwinden, solange noch Zeit sei.

„Ach, du alter Dummkopf", lachte ihn der Affe aus. „Das sind doch Bananen, die freß ich selber jeden Tag!"

Aber der Tiger ließ sich nicht überzeugen. Im selben Augenblick warf das Kaninchen dem Affen einen wütenden Blick zu und schrie: „Du nichtswürdiger Affe! Hast damit geprahlt, du würdest mir einen großen fetten Tiger herbringen, und jetzt ist es nur so ein kleines ärmliches Ding!"

Sofort geriet der Tiger vor Wut außer sich und brüllte den Affen an: „Verräter! Jetzt weiß ich, warum du dich mir angeschlossen und unsere Schwänze zusammengeknotet hast und warum du behauptest, er fräße nicht das Hirn, sondern Bananen!"

Der Affe bettelte, er solle auf der Stelle bleiben, aber der Tiger hörte nicht länger auf ihn und rannte in den Wald. Den Affen schleppte er hinter sich her, weil ihre Schwänze immer noch verknotet waren. Plötzlich stießen sie gegen einen Baumstamm und fielen hin. Der Tiger sprang sofort wieder auf und lief um den Baum herum. Der Affe lief auf der andern Seite um das Hindernis, so daß ihre Schwänze sich um den Baumstamm wanden. Beide rissen mit aller Kraft daran, bis der Knoten endlich nachgab. Dann kniffen sie die blutenden Schwänze ein und rasten jeder in einer anderen Richtung davon.

Von dem Tage an sind Tiger und Affe die allergrößten Feinde.

Die enttäuschte Krähe

Es war einmal eine Krähe. Die fing ein kleines Vöglein, einen Nußhäher. Als er sich in ihrer Gewalt befand, rief sie drohend: „Jetzt fresse ich dich!“

Das arme Ding jammerte: „O weh, o weh, mein armes Töchterlein, was wird jetzt aus dir?“

Da überlegte die Krähe: Dieser Nußhäher ist alt, und sein Fleisch wird hart sein. Aber das junge Fleisch seiner Tochter schmeckt gewiß viel besser! Die will ich fressen. Daher schlug sie dem Nußhäher vor: „Ich laß dich frei, wenn du mir innerhalb von sieben Tagen deine Tochter gibst!“

Erfreut willigte der Nußhäher ein, und die Krähe ließ ihn frei.

Nach sieben Tagen stellte sich die Krähe wirklich ein und forderte ihre Beute.

„Du frißt nur Abfälle und Aas“, sagte der Nußhäher, „und mein Töchterlein ist ein so reinliches Kind. Wasch dir erst vor meinen Augen den Schnabel, dann bekommst du sie.“

„Gut,“ krächzte die Krähe. „Bin gleich wieder zurück.“ Und sie flog ans Wasser, setzte sich nieder und sagte:

„Wasser, komm, komm mit mir,
putz den Schnabel sauber mir!
Alsogleich mach ich mich dann
an Nußhähers Tochter heran.“

Da antwortete ihr das Wasser: „Wie willst du mich tragen? Hast keinen Krug, geh, suche einen Krug."

„Na gut", stimmte ihm die Krähe bei und flog davon.

Beim Krug angekommen, rief sie:

„Krüglein, komm, komm mit mir,
trag das Wasser her zu mir!
Dann putzt das Wasser den Schnabel mir.
Alsogleich mach ich mich dann
an Nußhähers Tochter heran."

„Ich käme ja gern mit", erwiderte der Krug, „aber ich bin voller Löcher. Geh, hol ein bißchen Lehm, um die Löcher zuzustopfen."

„Gut", krähte der Vogel und flog davon.

„Beim Lehm angekommen, rief die Krähe:

„Lehm, komm, komm mit mir
und verstopf die Löcher mir!
Dann trägt der Krug das Wasser mir,
das Wasser putzt den Schnabel mir.
Alsogleich mach ich mich dann
an Nußhähers Tochter heran."

Der Lehm antwortete: „Ich täte es gern, bin aber viel zu trocken, um dir zu helfen. Geh zum Büffel und bitte ihn, daß er mich ordentlich knetet."

„Gut", sagte die Krähe und flog davon.

Den Büffel bat sie dann:

„Büffel, komm, komm mit mir,
knete den Lehm mir!
Dann verstopft der Lehm die Löcher mir,
trägt der Krug das Wasser mir,
putzt das Wasser den Schnabel mir.
Alsogleich mach ich mich dann
an Nußhähers Tochter heran.“

„Warum nicht?“ antwortete der Büffel. „Aber der Hunger hat mich geschwächt. Ich kann den Lehm nicht kneten. Bring mir Gras, damit ich mich stärken kann.“

Auch diesmal wollte die Krähe den Wunsch erfüllen und flog davon.

Auf der Wiese angekommen, sagte sie:

„Gras, komm, komm mit mir,
füttere den Büffel mir!
Dann knetet der Büffel den Lehm mir,
verstopft der Lehm die Löcher mir,
trägt der Krug das Wasser mir,
putzt das Wasser den Schnabel mir.
Alsogleich mach ich mich dann
an Nußhähers Tochter heran!“

„Ich würde dir gern den Gefallen tun“, erwiderte das Gras, „aber der Büffel frißt so viel, und ich habe nur wenig Erde zum Wachsen. Wenn ich mehr Erde hätte, gäbe es mehr Gras, und dann bekäme der Büffel genug.“

„Gut“, erwiderte die Krähe und flog zur Erde.

„Erde, komm, komm mit mir,
daß das Gras kräftig sprießt
und der Büffel es genießt!

Dann knetet der Büffel den Lehm mir,
verstopft der Lehm die Löcher mir,
trägt der Krug das Wasser mir,
putzt das Wasser den Schnabel mir.
Alsogleich mach ich mich dann
an Nußhähers Tochter heran.“

„Warum nicht“, antwortete der Erdboden. „Es wäre schon möglich. Doch du siehst, daß hier lauter Bäume stehen. Wie sollte da Gras wachsen?“

„Gut“, erwiderte die Krähe und flog zum Wald.

„Wald, komm, komm mit mir,
mach frei die Erde hier!
Dann kann das Gras sprießen,
und der Büffel es genießen,
knetet der Büffel den Lehm mir,
verstopft der Lehm die Löcher mir,
trägt der Krug das Wasser mir,
putzt das Wasser den Schnabel mir.
Alsogleich mach ich mich dann
an Nußhähers Tochter heran.“

„Gern käme ich mit“, rauschte der Wald, „aber die Wurzeln meiner Bäume stecken zu tief in der Erde. Ich kann mich nicht von der Stelle rühren. Bring Feuer her, steck mich an, und im Nu ist der Erdboden frei.“

Sie gelangte zum Feuer und bat:

„Feuer, komm, komm mit mir
und verbrenn den Wald hier!
Dann haben mehr Erde wir,
kann das Gras sprießen,

und der Büffel es genießen,
knetet der Büffel den Lehm mir,
verstopft der Lehm die Löcher mir,
trägt der Krug das Wasser mir,
putzt das Wasser den Schnabel mir.
Alsogleich mach ich mich dann
an Nußhähers Tochter heran."

„Gehen wir", antwortete das Feuer.

Froh nahm die Krähe das Feuer in den Schnabel und flog zum Wald zurück. Doch bevor sie ihn noch erreichte, war ihr Schnabel so verbrannt, daß sie das Feuer zur Erde fallen ließ. Damit war für sie jede Hoffnung dahin, Nußhähers Tochter zu verspeisen. Wütend und laut schimpfend flog sie nach Haus.

Der Musikant aus Pagan

Es lebte einmal eine reiche Witwe in Pagan. Sie hatte einen einzigen Sohn, der Mong Poun hieß. Als er sechzehn Jahre alt war, fand die gute Mutter, daß er etwas lernen müsse.

Damals gab es in Pagan viele große Heerführer, hohe Staatsbeamte, große Gelehrte, große Kaufleute, große Baumeister und große Kunstschmiede. Darum beschloß die Mutter, daß Mong Poun ein großer Musikant werden sollte. Sie kaufte ihm eine Harfe und nahm einen Lehrer für ihn ins Haus.

Die Saiten der birmanischen Harfe, wie wir sie kennen, sind aus Seidenfäden geflochten. Jeder, der auf der Harfe spielen lernt, zerreißt für gewöhnlich viele Saiten, und deshalb kaufte die Mutter für ihren Sohn sieben Wagen voller Seidenfäden.

Nach ein paar Tagen fragte die Mutter Mong Poun: „Nun, mein Sohn, kannst du schon Harfe spielen?"

„Noch nicht, Mutter", antwortete er.

Nach ein paar Wochen fragte die Mutter wieder: „Nun, mein Sohn, kannst du jetzt Harfe spielen?"

„Noch nicht, Mutter", antwortete er.

So vergingen Jahre. Mong Poun hatte sieben Wagen voller Seidenfäden zerrissen, aber spielen hatte er nicht gelernt. Also kaufte die liebende Mutter noch einmal sieben Wagen voller Seidenfäden und nahm einen neuen Lehrer. Aber dies änderte nichts an der Sache. Mong Poun reifte zum Manne heran und heiratete, aber spielen konnte er immer noch nicht. Also wurden noch einmal sieben Wagen voller Seidenfäden gekauft und zerrissen. Mong Poun wurde alt und starb, aber Harfespielen hat er nie erlernt.

Der Knabe Po und der Tiger

In einem Dorf lebte einmal ein Knabe mit dem Namen Po, der jeden Tag in den Dschungel ging und sich mit allen Tieren anfreundete; sein bester Freund war der Tiger.

Po war in seiner Freundschaft aufrichtig; doch der Tiger verbarg hinterlistig seine bösartigen Absichten. Sein einziger Gedanke war, der Junge möge ihn einmal ins Dorf mitnehmen, damit er sich ein fettes Kälbchen holen könne.

Einmal sagte der Tiger zu dem Knaben: „Brüderchen Po, nimm mich doch mal in dein Dorf mit!"

„Das kann ich nicht, lieber Tiger", antwortete Po. „Unsere Bauern mögen dich nicht, weil du zu oft ihr Vieh überfällst, wenn sie es auf die Weide treiben."

„Wenn du mich nicht mitnimmst, fresse ich dich auf", sagte der Tiger beleidigt.

Am selben Abend erblickte Po seinen Tiger am Dorfeingang.

„Lieber Tiger", warnte er ihn, „schnell fort von hier! Die Bauern sind schlau. Ehe du dich versiehst, steckst du in einer Falle."

Darüber lachte der Tiger nur.

Als es dunkelte, riefen die Eltern ihren Sohn. Dieser warnte seinen Freund noch einmal und lief heim.

Der Tiger wartete aber nur so lange, bis alle im Dorfe schlafen gegangen waren, und sprang dann über die Umfriedung. Sehr schnell war er zurück und schleppte ein fettes Kälbchen mit sich.

Am andern Tag suchte der Knabe schon früh am Morgen seinen Tiger im Dschungel.

„Lieber Tiger, wir sind doch alte Freunde", rief er. „Paß auf, was ich dir jetzt sage. Heute abend stellen die Bauern eine Falle für dich auf. Laß dir ja nicht einfallen, wieder in unser Dorf zu kommen."

Der Tiger lachte nur wieder. Nachts lief er dann ins Dorf und ging richtig in die aufgestellte Falle. Am Morgen fanden ihn die Bauern und sagten: „Soll er nur brüllen und sich in der Falle hin und her werfen, bis er erschöpft ist und vor Durst verreckt!"

Sechs Tage lang brüllte der Tiger und warf sich hin und her. Dem Jungen dauerte sein Freund, aber er wagte nicht, ihn zu befreien, weil er sich vor seinen Eltern fürchtete. Am siebten Tag hielt er es nicht mehr aus.

„Wenn sie mich auch totschlagen, ich muß meinen Freund retten", sagte er sich und öffnete die Falle.

„Schnell, lauf weg, lieber Tiger", rief Po. „Wegen unserer Freundschaft nehme ich jede Strafe von meinen Eltern und von dem ganzen Dorf auf mich."

„Danke, lieber Freund", antwortete der Tiger, „jedoch muß ich leider jetzt dich fressen. Ich bin so schwach, daß ich kein anderes Wild mehr jagen kann."

„Das darfst du nicht, Tiger", rief der Knabe. „Du mußt dankbar sein, daß ich dir das Leben gerettet habe."

Der Tiger wandte ein, daß es keine Dankbarkeit auf der Welt gebe.

Doch Po redete so lange auf den Tiger ein, bis dieser bereit war, mit ihm einen Richter zu suchen, der ihren Streit schlichten sollte.

In der Hoffnung, jemanden zu finden, der den Streit schlichtete, gingen Po und der Tiger in den Dschungel. Dort stießen sie auf den Schädel eines Büffels und fragten den. Nachdem der Schädel beide angehört hatte, sagte er: „Dankbarkeit gibt es nicht. Hier das Beispiel. Mein Bauer pflügte viele Jahre mit mir seinen Boden. Als ich in seinem Dienst alt geworden war, schlachtete er mich und aß mich auf. Deshalb kann der Tiger den Po auffressen."

„Jetzt fresse ich dich!" brüllte der Tiger.

Po beharrte aber auf seinem Recht, einen zweiten Richter zu befragen.

So gingen sie weiter, bis sie zu einem Feigenbaum kamen. Den baten sie, ihren Streit zu schlichten.

Der Baum hörte beide an und sagte: „Dankbarkeit gibt es nicht. Als Beispiel führe ich die Menschen an. Ich erlaube ihnen, sich in meinem Schatten auszuruhen und schütze sie vor den sengenden Sonnenstrahlen. Und doch brechen sie meine Äste ab und reißen meine Blüten herunter. Der Tiger hat das Recht, den Knaben Po zu fressen."

„Also, jetzt fresse ich dich endlich!" brüllte der Tiger.

Doch Po verlangte, noch einen dritten Richter zu befragen.

„Vergiß nicht, daß es das letzte Mal ist", warnte der Tiger, „denn in ein und derselben Sache darf man sich nur an drei Richter wenden."

Nach einer Weile begegneten sie einem Kaninchen und befragten es.

Nachdem das Kaninchen beide aufmerksam angehört hatte, erklärte es, daß es, bevor es seinen Spruch verkünden könne, den Ort sehen müsse, an dem alles passiert sei.

So kehrten das Kaninchen, Po und der Tiger ins Dorf zurück zur Falle.

„Und jetzt", wandte sich das Kaninchen an den Tiger, „wo warst du, als der Knabe Po dich befreit hat?"

„In der Falle", antwortete der Tiger.

„Zeig mir genau die Stelle, wo du standest und was du tatest."

Der Tiger sprang in die Falle und stellte sich auf die Hinterpfoten.

„Jetzt bist du an der Reihe, Po", sagte das Kaninchen. „Zuerst schließ die Falle und zeig mir dann, wie du den Tiger befreit hast."

Als Po die Falle geschlossen hatte, schrie das Kaninchen: „Warte! Laß ihn nicht heraus!"

Und dann erläuterte es dem Tiger und dem Knaben: „Jetzt ist alles wie zuvor. Der Tiger ist wieder da, wo er war, und der Knabe Po ebenfalls. Damit ist euer Streit beendet."

Das Kaninchen lief in den Dschungel zurück und der Knabe Po nach Hause. Und der Tiger starb vor Hunger und Durst.

Wie das Krokodil seine Zunge verlor

Eines Tages erblickte die Krähe ein Krokodil, das so groß war, daß ihr der Speichel im Schnabel zusammenlief.

„Liebes Krokodil", krähte sie sehr freundlich und verdeckte ihre böse Absicht, „warum klebst du nur immer an deiner heimischen Pfütze? Nicht weit von hier ist ein großer Fluß, viel tiefer und breiter als der hier."

„Davon hab ich nie gehört", entgegnete das Krokodil abweisend.

„Ich täusche niemanden", behauptete die Krähe. „Aber weil ich ein gutes Herz habe, kümmre ich mich darum, meinen Nächsten zu helfen."

„Würdest du mich vielleicht zu dem großen Fluß bringen?" bat das dumme Krokodil. „Dort würde ich mich dann gern festsetzen!"

„Gewiß, das tue ich gern", erwiderte die Krähe. „Er ist nur eine halbe Meile von hier. Du bist groß und kräftig und gelangst mühelos bis dorthin."

Das dumme Krokodil prahlte, so ein Stückchen Weg wäre eine Kleinigkeit.

Die Krähe hüpfte also voraus, flatterte mit ihren Flügeln, und langsam kroch das Krokodil hinter ihr her. Als sie schon über eine Meile gegangen waren, seufzte das Krokodil: „Liebe Krähe, wir haben doch sicher schon mehr als eine Meile hinter uns gebracht, wo ist denn dein Fluß?"

„Wieso eine Meile?" krähte die Krähe vorwurfsvoll. „Das waren erst ein paar Schritte. Du gibst doch nicht etwa auf, so ein strammer Bursche wie du?"

Da schämte sich das Krokodil einzugestehen, daß seine Kräfte erschöpft waren, und es kroch unbeholfen weiter. Schließlich konnte es nicht mehr und streckte sich aus. Jetzt war sein Fluß mindestens drei Meilen entfernt.

Da lachte die Krähe laut und sagte, bevor sie davonflog: „Ach, du mein fetter, dummer Freund, jetzt wirst du mir vor Hunger und Durst sterben. Nur keine

Bange, wenn du deinen letzten Atemzug getan hast, bin ich wieder da und fresse dich!“

Doch da kam ein gutmütiger Mensch auf seinem Wagen des Weges. Mit Tränen in den Augen bat ihn das Krokodil, ihm das Leben zu retten und es in seinen Fluß zurückzubringen.

Da es dem Manne leid tat, war er bereit, ihm zu helfen. Weil er aber wußte, daß das Krokodil ein heimtückisches Tier ist, band er es mit Stricken fest, lud es auf seinen Wagen und peitschte dann seine Büffel.

Als der Wagen beim Fluß angekommen war, bat das Krokodil mit zitternder Stimme: „Guter Mann, ich bin so schwach und durch deine Stricke ist mein ganzer Körper steif geworden. Wenn du mich am Ufer abládst, komme ich nicht mehr ins Wasser, und böse Menschen schlagen mich hier tot. Bitte, bring mich ins Wasser hinein.“

Der gute Mann tat es. Er fuhr mit seinem Wagen bis ins Wasser, löste die Stricke und warf seine Ladung in den Fluß. Das Krokodil packte sofort einen Büffel am Bein.

„Laß los, laß meinen Büffel los, du Undankbarer!“ rief der Mann.

Da lachte das Krokodil ihn aus.

Doch in diesem Augenblick kam ein Kaninchen, um im Fluß zu trinken. Als es sah, was vor sich ging, rief es dem Menschen zu: „Schlag mit der Peitsche. Schlag kräftig zu!“

Der Mann gehorchte und hieb so kräftig, daß das Krokodil plötzlich seinen Rachen aufsperrte und die Büffel den Wagen wieder aufs Ufer ziehen konnten.

Der Mann bedankte sich beim Kaninchen für den guten Rat und ging seiner Wege. Das Krokodil aber war so ergrimmt über das Kaninchen, daß es sich schwor, es zu fangen, sobald es wieder zur Tränke käme.

Am andern Morgen erwartete das Krokodil schon das Kaninchen. Weil der Fluß am Ufer seicht war, konnte es sich nicht ganz unter dem Wasser verbergen, und sein Rücken ragte über die Oberfläche hinaus. Als das Kaninchen kam, erstarrte das Krokodil in der Hoffnung, das Kaninchen würde es mit einem Baumstamm verwechseln. Das weise Kaninchen ließ sich aber nicht so leicht überlisten und sagte laut: „Echte Krokodile schwimmen immer stromaufwärts und echte Stämme immer stromabwärts.“

Das Krokodil schwamm also ein Stück stromabwärts, um darzutun, daß es ein echter Stamm sei. Schnell trank das Kaninchen und hoppelte davon.

Am nächsten Morgen erstarrte das Krokodil wieder wie ein Stamm, und das Kaninchen rief wieder: „Echte Krokodile schwimmen immer stromaufwärts und echte Stämme immer stromabwärts.“

Diesmal bewegte sich das Krokodil überhaupt nicht. Das Kaninchen glaubte wirklich, daß heute ein Stamm vor ihm lag, sprang ins Wasser und landete plötzlich in dem schrecklichen Rachen. Das Krokodil schlang aber das Kaninchen nicht gleich hinunter, weil alle Tiere sehen sollten, daß es das weise Kaninchen besiegt hatte. Es schwamm den Fluß hinunter, peitschte das Wasser mit seinem Schwanz und schrie: „Hi, hihi, hihi!“

Das Kaninchen saß auf der Zunge des Krokodils und hielt sich mit beiden Pfoten fest. Plötzlich rief es: „Krokodil, wie dumm du doch bist! Kannst nichts anderes als hihi rufen! aber haha schreien, das bringst du nicht fertig!“

„Haha, haha“, begann das Krokodil als Antwort zu lachen und machte dabei seinen Rachen weit auf.

Das Kaninchen überlegte nicht lange, sprang aus dem Rachen und nahm in seinen Pfoten auch die Zunge des Krokodils mit. Darum haben die Krokodile keine Zunge mehr.

Ohne große Mühe gelangte das Kaninchen aus dem Fluß, denn es sprang mit aller Kraft bis zur seichten Stelle am Ufer. Dennoch mußte es ein Stückchen mit der schweren Zunge des Krokodils schwimmen. Am Ufer spürte es seine Müdigkeit. Deshalb trug es die Zunge nicht weit, sondern versteckte sie unter einem Strauch.

Unterwegs kam ihm eine Katze entgegen.

„Guten Morgen, liebes Kätzchen!“ rief das Kaninchen fröhlich. „Falls du hungrig bist, kann ich dir eine ausgezeichnete Zunge anbieten.“

Und dann erzählte es der Katze sein Abenteuer. Zum Schluß zeigte es auch, wo die Zunge versteckt war.

Die Katze stürzte froh dorthin, aber von der Zunge war weit und breit nichts zu sehen. Lange, sehr lange suchte die Katze nach der Zunge, aber vergebens. Endlich fiel ihr eine seltsame Pflanze auf, die mit länglichen, platten Früchten übersät war. Sofort war ihr klar, daß sich die Zunge des Krokodils in diese seltsame Pflanze verwandelt hatte. Seither nennen die Menschen sie Katzenzunge.

Nun fragt ihr, warum gerade Katzenzunge? Das weise Kaninchen hat die Zunge des Krokodils der Katze geschenkt, also ist es nicht weiter verwunderlich, daß die Pflanze diesen Namen erhielt.

Warum der Geier kahl ist

Einst war der Geier ein sehr bescheidener und ziemlich dummer Vogel. Man kann nicht gerade behaupten, daß er durch ein besonders schönes Federkleid aufgefallen wäre, aber im ganzen sah er doch recht ansehnlich aus.

Eines Tages jedoch bemerkte er erschrocken, daß ihm die Federn ausfielen. Also sprach er darüber mit seinen gefiederten Freunden.

Die Vögel erklärten ihm, daß er sich ganz einfach mausere; nach gewisser Zeit würde er neue Federn bekommen.

Der Geier gab sich damit nicht zufrieden. Er quälte sich so sehr darüber, daß er abmagerte und krank wurde.

Da erbarmten sich die andern Vögel seiner, und jeder schenkte ihm ein Federchen.

Dadurch wurde der Geier zu einem außergewöhnlich schönen und bunten Vogel. Ernsthaft spazierte er auf und ab und erklärte, er sei der schönste unter allen Vögeln.

Schließlich wurde er so hochmütig, daß er von den anderen Vögeln verlangte, als ihr König anerkannt zu werden. Da blickten die Vögel böse und rupften ihm sofort die Federn wieder aus, nicht nur ihre, sondern auch seine eigenen!

Mit einem Schlage verwandelte sich der Geier in einen alten, häßlichen, kahlen Vogel.

Darum ist er jetzt so mürrisch und unschön.

Warum die Fledermäuse keine Steuer zahlen

Es lebte einst ein König, der Herr über alle Lebewesen auf der Erde war. Eines Tages verordnete der König seinen Untertanen eine neue Steuer und schickte seine Steuereinnehmer im ganzen Lande aus, sie einzutreiben. Er befahl ihnen, die Steuerzahler in Gruppen aufzuteilen, je nach Gattung der Lebewesen.

Am ersten Tag trieben sie die Steuer von den Menschen ein, am zweiten von den Elefanten, am dritten von den Tigern, und so ging es weiter, bis die Fledermäuse an die Reihe kamen.

Die Fledermäuse waren jedoch sehr gewitzt. Sie falteten ihre Flügel zusammen, setzten sich in eine dunkle Ecke, und als die Steuereinnehmer kamen, sagten sie:

„Heute ist doch Steuertag der Vögel, aber wie ihr seht, sind wir keine Vögel. Warum belästigt ihr uns?"

Die Steuereinnehmer betrachteten die Fledermäuse, steckten ihre Köpfe zusammen und sagten schließlich:

„Wir haben uns wirklich geirrt, ihr seid keine Vögel, sondern Mäuse. Aber ihr entgeht uns nicht. Am Tag der Mäuse kommen wir und ihr werdet bezahlen!"

Kurz danach war es so weit. Die Steuereinnehmer kamen zu den Fledermäusen und sagten:

„Heute ist Steuertag der Mäuse, bezahlt euere Steuern!"

„Wir sind doch keine Mäuse!" rief die Oberfledermaus. „Seht ihr denn nicht, daß wir fliegen?"

Und alle Fledermäuse flogen mit ausgebreiteten Flügeln hin und her.

„Das vorige Mal habt ihr beteuert, ihr wärt keine Vögel", sagte einer der Steuereinnehmer. „Ihr habt versprochen, am Tag der Mäuse zu bezahlen!"

„Das habt ihr gesagt, nicht wir. Und da heute nicht unser Tag ist, müssen wir keine Steuern zahlen."

„Hört, Freunde, wenn ihr jetzt nicht bezahlt, müssen wir es dem König melden", drohten die Steuereinnehmer.

„Das hättet ihr tun sollen, als ihr das erste Mal hiergewesen seid. Wärt ihr aufmerksam gewesen, hättet ihr gesehen, daß wir Flügel haben. Damals war unser Tag! Aber jetzt...? Wenn ihr beim König klagen wollt, daß wir am Tag der Mäuse keine Steuer zahlen wollten, wird er euch für Narren halten. Wenn ihr ihm aber sagt, daß wir bei eurem ersten Besuch nicht zahlen wollten, wird er sich sagen, ihr hättet unredlich gehandelt, weil ihr es ihm nicht sofort gemeldet habt."

Die Steuereinnehmer steckten wieder die Köpfe zusammen, berieten sich sehr lange, dann gingen sie schweigend fort.

Seither lassen die Steuereinnehmer die Fledermäuse in Ruhe.

Warum das Kaninchen mit der Nase zuckt

Es war einmal ein Frosch im Dschungel. Schon lange ärgerte es ihn, daß das Kaninchen einen so guten Ruf besaß, und deshalb nahm er sich vor, es im ganzen Dschungel lächerlich zu machen.

Eines Tages, als der Frosch das Kaninchen zufrieden und ruhig durch den Dschungel hoppeln sah, versteckte er sich unter einem großen Stein und quakte laut: „Quak, quak, quak!"

Vor Schreck sprang das Kaninchen hoch in die Luft und stürzte sich, so schnell seine Pfoten nur laufen konnten, in den tiefsten Dschungel. Im Lauf stieß es gegen einen Kürbis, der durch den starken Anprall sofort einen Hang hinunterkullerte und in ein Feld fiel, auf dem Sesam wuchs. Der Kürbis stieß so heftig gegen die Sesamhalme, daß ihre Samen herausfielen. Gerade flog aber eine Wildente hier vorbei, und die Sesamsamen verklebten ihr die Augen. Deshalb fiel die Wildente auf einen Bambusstamm. Der Bambusstamm brach entzwei und fiel auf eine Schlange, die darunter schlief. Die erschrockene Schlange stürzte sich auf einen Eber, der gerade zufrieden eine Gurke verspeiste. Vor Schreck ließ der Eber die Gurke fallen, und die fiel in den Abgrund, in dem der Drache Naga schlief.

„Du mußt sterben", schrie Naga drohend die Gurke an, wütend darüber, daß man ihn geweckt hatte.

„O Herr, o mein Herr", jammerte die Gurke, „ich bin nicht schuld. Der Eber hat mich hierhergeworfen."

Der Drache Naga kroch aus dem Abgrund hervor und packte den Eber: „Du mußt sterben!"

„O Herr, o mein Herr", erwiderte der Eber, „ich bin ja nicht schuld! Die Schlange hat sich auf mich geworfen!"

Naga packte die Schlange: „Du mußt sterben!" brüllte er.

„O Herr, o mein Herr“, wehrte sich die Schlange, „ich habe überhaupt keine Schuld. Der Bambusstamm fiel auf mich nieder!“

Also brüllte Naga den Bambusstamm an: „Du mußt sterben!“

„O Herr, o mein Herr! Es war nicht meine Schuld“, sagte der Bambusstamm. „Die Wildente fiel auf mich herab.“

„Du mußt sterben!“ sagte der Drache, nachdem er die Ente gefangen hatte.

„O Herr, o mein Herr“, wehrte sich diese, „der Sesam hat mich blind gemacht, als er mir seine Samenkörner in die Augen streute.“

Naga sagte nun zum Sesam: „Du mußt sterben!“

„O Herr, o mein Herr! Auch ich bin nicht schuld. Der Kürbis prallte heftig gegen mich“, sagte der Sesam.

Nun fand Naga den Kürbis und sagte: „Du mußt sterben!“

„O Herr, o mein Herr“, wandte der Kürbis ein, „das hat mir das Kaninchen eingebrockt!“

Daraufhin suchte der Drache das Kaninchen und sagte zu ihm: „Du mußt sterben!“

„O Herr, o mein Herr“, antwortete das Kaninchen, „die Schuld liegt nicht bei mir. Unter dem Stein sitzt ein Ungeheuer und hat mir gedroht.“

Naga schaute unter den Stein, sah aber nichts, denn der Frosch war längst verschwunden.

„Du kleiner Lügner“, brüllte der Drache. „Es gibt gar kein Ungeheuer. Du mußt sterben!“

Da fing das Kaninchen von Kopf bis zu den Pfoten zu zittern an, seine Nase begann vor Angst zu zucken. Beim Anblick dieser Nase mußte Naga aus voller Kehle lachen. Dann tat ihm das Kaninchen leid, und er kehrte in seine tiefe Höhle zurück. Noch heute aber zuckt das Kaninchen mit der Nase.

Warum der Büffel keine oberen Zähne hat

Es waren einmal zwei Vettern, ein Stier und ein Büffel. Sie lebten wie zwei Brüder miteinander. Der Büffel hatte zwei Reihen wunderschöner Zähne, der Stier besaß jedoch nur noch seine unteren Zähne. Wenn der gutmütige alte Büffel fertig war mit Fressen, lieh er seine oberen Zähne dem Stier.

Eines Abends hieß es, das Pferd, welches ein hervorragender Tänzer und großartiger Spaßmacher war und zudem auch wunderbar singen konnte, werde ganz in der Nähe eine Theatervorstellung geben. Das Pferd wanderte nämlich durch die ganze Gegend und hatte mit seinen Tänzen, mit dem Gesang und den Späßen großen Erfolg.

Den Büffel interessierte so etwas nicht. Am liebsten stand er bis an den Hals im Wasser. Der Stier hingegen sehnte sich danach, diesem Ereignis beizuwohnen. Schließlich war er ja auch noch sehr jung.

Gewöhnlich gehen Zuschauer fein geputzt zu einer Theatervorstellung. Deshalb war der Stier entschlossen, sich dort mit zwei Reihen Zähne zu zeigen, damit er beruhigt lachen konnte und alle Tiere sahen, was für schöne Zähne er besaß.

Nach dem Abendessen gab er deshalb dem Büffel nicht wie sonst die Zähne zurück, sondern verschwand leise dorthin, wo das Pferd seine Künste vorführte. Stolz ging er bis in die vorderste Reihe und suchte sich dort einen Platz. Das Pferd begann zu tanzen, und alle Tiere klatschten Beifall. Dann zeigte es seine Akrobatennummer und rezitierte zum Schluß lauter lustige Verse, daß alle Tiere vergnügt und laut lachten.

Der Stier öffnete sein Maul vor Lachen so weit, daß das Pferd sofort die zwei Reihen Zähne sah, die so schön wie Elfenbein waren. Weil das Pferd aber auch keine oberen Zähne besaß, ärgerte es sich über die Maßen, daß der dumme Stier besser dran war. Darum wollte das Pferd die Zähne um jeden Preis haben.

Als die Nummer zu Ende war, verbeugte sich das Pferd unter allgemeinem Beifall.

„O Pferd, du bist unübertrefflich!“ riefen die begeisterten Zuschauer.

„Meine lieben Freunde und Gönner“, begann das Pferd, „ich würde euch noch viel besser unterhalten, wenn mir einer von euch seine oberen Zähne leihen könnte. Damit würde ich noch viel besser singen und rezitieren.“

Sofort sprang der Stier auf, nahm seine oberen Zähne heraus und reichte sie dem Pferd.

Das Pferd überschüttete ihn mit Dankesworten, und nachdem es sich kurze Zeit ausgeruht hatte, ging die Vorstellung weiter.

Zuerst sang das Pferd ein lustiges Liedchen, und wiederum ertönte betäubendes Gelächter. Danach schlug es einen Purzelbaum. Vor Begeisterung trampelten die Tiere mit ihren Hufen. Es folgte der zweite Purzelbaum, und dann sprang es hinter die Bühne. Nun klatschten die Zuschauer noch stärker. Plötzlich drehte sich das Pferd um und galoppierte davon.

Der Stier sprang auf, stürzte ihm nach und schrie: „Halt, du Dieb! Gib mir meine oberen Zähne wieder!“

Aber das schnelle Pferd war schon auf und davon und im nächsten Augenblick hinter fernen Bergen und Tälern verschwunden.

Deshalb hat der Büffel bis heute keine oberen Zähne, und er schimpft alle Augenblicke: „Es sind meine, es sind meine!“

Und der Stier bejaht: „Wahrlich, stimmt, wahrlich, stimmt!“

Während das Pferd immer nur lacht: „Hu, hu, hu! Hu, hu, hu!“

Denn es hat ja noch immer die Zähne, die es vor vielen Jahren dem Stier bei dem Theaterspiel abgeluchst hat.

Warum der Tiger die Katze nicht liebt

Der ganze Dschungel lachte immer über den Tiger, der zwar groß, stark und grausam war, aber trotz seiner Stärke sehr tolpatschig.

„Schaut euch nur den Tiger an!" lachten alle Tiere. „Sein Bauch ist vor Hunger schon ganz faltig. Wenn einer aber so täppisch ist, wird er niemals etwas erjagen!"

In seiner Not erinnerte sich der Tiger an seine entfernte Base, an die Katze.

„Meine liebe Base", sagte er, als er zu ihr kam, „bitte, bring du mir doch die Kunst des Jagens bei, und ich werde dir drei Jahre treu dienen."

Damit war die Katze einverstanden.

So wurde der Tiger zum Schüler der Katze. Obwohl er der ältere Vetter war, benahm er sich so höflich zu der Katze, wie es sich nun einmal für einen Schüler geziemt. Er fegte das Haus aus, kochte, lief, wohin man ihn schickte, ging überall mit der Katze mit und gab sich bei allem große Mühe. Man muß sagen, daß der Tiger ein ausgezeichneter und gelehriger Schüler war.

Zuerst brachte die Katze dem Tiger alles gewissenhaft bei, später ließ ihr aber der Neid keine Ruhe mehr.

Jetzt kennt er bereits jede List, die ich ihm beigebracht habe, überlegte sie. Wenn ich ihn alles lehre, was ich weiß, wird er mich schließlich übertreffen und am Ende noch stärker und größer werden als ich.

Darum brachte sie ihm eine wichtige Regel nicht bei.

Als das dritte Lehrjahr zu Ende war, fragte der Tiger höflich seine Lehrerin: „Verehrte Lehrerin, weiß ich jetzt bereits alles?"

Da log die Katze: „Ja, alles!"

Der Tiger bedankte sich und ging zufrieden seiner Wege.

Dann begab er sich allein auf die Jagd, war aber erfolglos. Bevor er zum Sprung auf ein Kaninchen ansetzte, blieb er steif liegen, aber das Kaninchen lief ihm davon. Beim nächsten Mal schickte er sich an, einen Büffel anzuspringen. Und wiederum entkam ihm die Beute.

„Versteck dich gut und dann spring unerwartet los", lautete eine der Regeln seiner Lehrerin.

Er versteckte sich wirklich gut im dichten Bambus, aber sowohl das Kaninchen wie der Büffel bemerkten ihn.

Der verwunderte Tiger erstarrte, bevor er den Sprung wagte, und beobachtete sich dabei sorgfältig. Schließlich ging ihm ein Licht auf. In seinem Schwanz lag der Fehler, denn er schlug wedelnd durch die Luft, und dieses Geräusch warnte die Beute vor der Gefahr.

„Falsche Katze", knurrte der Tiger böse, „kein einziges Mal hat sie mir gezeigt, wie man den Schwanz halten soll, um sich nicht zu verraten."

Er schwor sich, die falsche Katze aufzufressen, sobald er sie gefangen habe.

Seit damals sucht der Tiger die Katze.

Doch bis heute ist die Katze lebendig und gesund, denn geschickt weicht sie dem Tiger aus. Und wenn sie ein Häufchen macht, vergräbt sie es, damit der Tiger ihr nicht auflauern kann.

Das goldene Kaninchen und der goldene Tiger

Es lebten einmal ein goldenes Kaninchen und ein goldener Tiger. Das goldene Kaninchen war schlau und der goldene Tiger alt und vertrauensselig. Eines Tages kam das goldene Kaninchen zum goldenen Tiger und sagte: „Gehen wir doch morgen früh ins Schilf, um es zu ernten."

Der goldene Tiger, hocherfreut, weil das goldene Kaninchen seine Freundschaft suchte, stimmte zu. Anderntags, als es dämmerte, tat der goldene Tiger Reis und Fleisch in ein Säcklein und lief zum goldenen Kaninchen. Gemeinsam gingen sie ins Schilf.

Auch das goldene Kaninchen trug ein Säcklein, allerdings befanden sich darin nur Kuhfladen und Sand.

Der goldene Tiger machte sich sogleich an die Arbeit und schnitt fleißig Schilf. Das goldene Kaninchen rekelte sich jedoch nur faul und rief: „Zuerst müssen wir frühstücken!"

Der arbeitsame goldene Tiger entgegnete, daß er erst arbeiten und später fressen wolle.

„Na gut, wie du willst", erklärte das goldene Kaninchen. „Aber vergiß das alte Sprichwort nicht: Dem ersten Fleisch mit Reis und dem letzten Fladen mit Sand!" Damit lief es zu den Säcken und fraß das Fleisch und den Reis seines Freundes auf. Danach legte es sich unter einen Strauch in den Schatten und schlief ein.

Es wurde Mittag, und jetzt hatte auch der goldene Tiger Hunger.

„Du hast mein Fleisch und meinen Reis gefressen?" fragte er, als er nur noch das Säcklein des goldenen Kaninchens fand.

Beleidigt antwortete das goldene Kaninchen: „I woher! Aber ich weiß schon, was passiert ist. Wieder einmal hat sich das weise Sprichwort bewahrheitet, und dein Fleisch hat sich in Kuhfladen verwandelt und dein Reis in Sand."

Der einfältige goldene Tiger glaubte tatsächlich diesen Worten. Er arbeitete den ganzen Tag, und das goldene Kaninchen faulenzte seelenruhig weiter.

Bei Sonnenuntergang hatte der goldene Tiger einen großen Haufen Schilfrohr geschnitten, das goldene Kaninchen aber keinen Finger gerührt.

Als der goldene Tiger sich nun das Schilfrohr auf den Buckel lud, um heimzugehen, sagte das goldene Kaninchen: „Lieber Freund, ich habe Fieber und kann nicht laufen. Wie dumm von mir, in der Mittagshitze einzuschlafen!“

Der goldene Tiger, alt und dumm wie er war, schlug dem goldenen Kaninchen vor, auf seinen Rücken zu hopsen und sich auf das geschnittene Schilfrohr zu setzen.

Der goldene Tiger hatte nur wenige Schritte zurückgelegt, als das goldene Kaninchen ein Feuerzeug vorholte und Feuer schlug.

„Was tust du eigentlich?“fragte der goldene Tiger, dem endlich dämmerte, daß das goldene Kaninchen voll böser Absichten steckte.

„Meine armen Zähne klappern, weil ich Schüttelfrost habe“, erwiderte es, sprang vergnügt vom Rücken des goldenen Tigers und verschwand im dichten Busch.

Brandblasen bedeckten den Rücken des goldenen Tigers, so sehr hatte ihn das Feuer verbrannt. Doch was sollte er tun? Er schüttelte sich und lief weiter.

Bald darauf sah er das goldene Kaninchen mit unschuldigem Gesichtsausdruck am Wege hocken.

„O du Bastard!“ brüllte der goldene Tiger wütend. „Hast das Schilfrohr auf meinem Rücken angezündet und bist verschwunden. Ich werde dich...“

„Wieso?“ fragte das goldene Kaninchen erstaunt. „Ich seh dich zum erstenmal in meinem Leben!“

Und der alte vertrauensselige goldene Tiger glaubte diese Lüge tatsächlich und entschuldigte sich sogar.

„Na, macht nichts“, sagte ihm das goldene Kaninchen großmütig. „Ich habe ja sehr viele Brüder und Schwestern, Vettern und Basen. Wir sind uns alle auch so ähnlich wie Wassertropfen. Lieber Freund, was hast du bloß angestellt? Woher kommen denn die vielen Brandblasen auf dem Rücken?“

Als der goldene Tiger berichtet hatte, was ihm passiert war, war das goldene Kaninchen sogleich mit einem Rat bei der Hand: „Reibe deinen Rücken an einem Baumstamm. Dann verschwinden die Brandblasen im Nu!“

Wieder vertraute ihm der alte dumme goldene Tiger und rieb seinen Rücken an einem Baumstamm.

Sogleich brüllte er vor Schmerzen auf, denn die Brandblasen platzten und begannen zu bluten.

Er mußte aber weiter. Wieder sah er das goldene Kaninchen mit unschuldigem Gesicht am Weg hocken.

„O du gemeiner Nichtswürdiger!“ brüllte wütend der goldene Tiger. „Ich werde dich...“

„Ich seh dich zum erstenmal“, log das goldene Kaninchen von neuem. „Gewiß verwechselst du mich mit einem von meinen Brüdern oder Schwestern. Wir sind nämlich sehr viele und sehen uns alle sehr ähnlich.“

Wieder glaubte ihm der goldene Tiger und bat um Verzeihung.

„Im übrigen“, fragte das goldene Kaninchen, „was ist denn mit deinem Rücken?“

Da berichtete der goldene Tiger, warum sein Rücken so zerschunden und blutig war.

Mitleidig wiegte das goldene Kaninchen der Kopf und meinte, die beste Heilung für die blutigen Brandblasen wäre, sich im Sande zu wälzen.

Der vertrauensselige Dummkopf lief zum sandigen Flußufer und wälzte sich dort so, wie ihm geheißen, im Sande. Der Sand riß seine Wunden nur noch weiter auf.

Von Schmerzen gefoltert, setzte der goldene Tiger seinen Weg fort. Nicht lange, und er stieß wiederum auf das goldene Kaninchen, das zufrieden am Wegrand saß.

„Diesmal entgehst du mir nicht!“ brüllte der goldene Tiger.

„Ich kenne dich ja gar nicht“, erwiderte das goldene Kaninchen. „Sicher verwechselst du mich mit einem Verwandten von mir.“

Und dieser alte Dummkopf, der goldene Tiger, nahm tatsächlich seine Worte wieder zurück.

„O mein armer Freund“, rief das goldene Kaninchen nun. „Es gibt ja keinen heilen Fleck auf deinem Rücken! Zum Glück kenne ich den Weg zum Brunnen der erfüllten Wünsche. Dort kannst du dich sofort heilen!“

„Dann führ mich dorthin“, bat der goldene Tiger.

Das goldene Kaninchen führte den goldenen Tiger zum allernächsten Brunnen und meinte: „Schau jetzt hinunter und rufe ganz laut, was du dir wünschst!“

Als sich der goldene Tiger über den Brunnenrand beugte, gab ihm das goldene Kaninchen von hinten einen Stoß. Der goldenen Tiger fiel in den Brunnen und ertrank.

Die Dummheit des vertrauensseligen goldenen Tigers ward so für alle Zeit vom goldenen Kaninchen bestraft.

Der dumme Junge

In einem Dorf lebte einmal ein dummer Knabe. Eines Tages schickte ihn die Mutter in den Dschungel, um dort etwas zu fangen. Er stellte eine Schlinge auf und fing einen wilden Hahn. Dem befahl er, sofort ins Dorf zur Mutter direkt unters Messer zu fliegen. Dann ging er nach Haus.

Wehe, wehe! Zu Hause stellte er dann fest, daß der Hahn keineswegs in die Küche geflogen war. Darauf erzählte er seiner Mutter alles.

„O du dummer Junge", rief sie. „Beim nächsten Mal zerschneide den Vogel und bring ihn nach Haus."

Am nächsten Tag lief der Junge wieder in den Dschungel und fand ein paar Pilze unter einem Baum.

„Haha", lachte er, „diesmal entgeht ihr mir nicht!"

Er sprang zum Baum, schnitt die Pilze in Stücke und brachte sie der Mutter.

„O du dummer, dummer Junge!" rief die Mutter. „Was hast du nur mit den Pilzen gemacht? Jetzt taugen sie zu nichts mehr. Das nächste Mal bring sie mit den Stielen her."

Und wieder ging der Knabe in den Dschungel und sah einen Bienenstock an einem Baum.

„Der Honig gehört mir", frohlockte der Knabe. „Ich reiß den Bienenstock mit Stiel aus, so wie es Mutter gesagt hat."

Er kletterte auf den Baum und versuchte, den Bienenstock vom Ast abzutrennen, da machten sich die Bienen über ihn her. Weinend sprang er hinunter und lief zur Mutter heim.

„Dummer Junge", sagte die Mutter. „Nächstens zünde den Bienenstock an. Die Bienen erschrecken vor dem Rauch und fliegen davon."

Am nächsten Tag sah der Junge einen Mönch. „Der wird mein", dachte er.

Leise schlich er sich an den Mönch heran und steckte das gelbe Gewand an. Der Mönch warf sich zu Boden und löschte so das Feuer. Der Junge wollte nun seine Absicht wiederholen. Doch da griff der Mönch nach einem Stock und verprügelte ihn. Wiederum lief der Knabe wütend heim.

„Dummer Junge“, begrüßte ihn die Mutter. „Mönche tragen gelbe Gewänder. Wenn du das nächste Mal einen heiligen Vater triffst, knie nieder und verneige dich höflich vor ihm.“

Am folgenden Tag machte sich der Junge wieder in den Dschungel auf. Im Dickicht begegnete ihm ein Tiger. Statt schnell auf den nächsten Baum zu kletern, sah er sich den Tiger nur an, und als er die gelben Streifen auf seinem Fell gewahrte, kniete er nieder und verneigte sich. Da sprang der Tiger auf den dummen Knaben los und fraß ihn auf.

Zwei treue Diener

In einem Dorfe lebte eine Witwe, die gute Kuchen buk und diese auf dem Markt verkaufte. So verdiente sie ihren Lebensunterhalt. Sie hatte nur einen einzigen Sohn, der Faulpelz genannt wurde, weil er noch niemals gearbeitet hatte.

Einmal saß Faulpelz wie gewöhnlich bequem am Fenster und sah auf die Straße. Da gewahrte er einen Mann, der einen Hund und eine Katze an der Leine führte.

„Was hast du mit ihnen vor?“ fragte Faulpelz.

„Ich will sie im Fluß ertränken“, lautete die Antwort.

„Warum willst du sie so grausam bestrafen?“

„Ich bin der Koch des Königs, und diese beiden Gauner haben soeben das Frühstück des Königs aufgefressen!“

„Verkauf sie mir“, bat Faulpelz. „Ich passe auf, daß sie kein zweites Mal in deine Küche kommen.“

„Was gibst du mir für sie?“

Die Witwe war aber sehr arm und hatte nichts außer einem Korb Reis im Hause.

„Ich gebe dir den Korb Reis.“

Der Koch nahm den Reis und überließ Hund und Katze dem Faulpelz.

Als später die Mutter vom Markt heimkam und erfuhr, was der Sohn getan hatte, rief sie laut: „O du unverbesserlicher Faulpelz! Rührst keinen Finger, und jetzt haben wir nicht einmal mehr zu essen!“

Dem Faulpelz tat sie leid, und er versprach, am nächsten Tag eine Arbeit zu suchen.

In der Nacht meinte die Katze zum Hund: „Unser Freund Faulpelz hat uns vorm Tode bewahrt. Wir sollten uns erkenntlich zeigen.“

„Du hast recht", erwiderte der Hund. „Was können wir also tun?"

Die Katze erzählte nun, daß mitten im Meer ein Prinz in einem goldenen Schlosse lebte. Dieser Prinz besaß einen Zauberrubin, der jeden Wusch erfüllen konnte.

„Dieser Ring wäre gerade richtig für unsern Wohltäter", meinte die Katze. „Aber wie kommen wir dorthin?"

„Spring auf meinen Rücken", rief der Hund. „Den Ring holen wir uns!" Und mit der Katze auf dem Rücken, schwamm er übers Meer zu dem goldenen Palast.

„Paß du hier draußen auf", sagte die Katze, als sie die Stufen zum Palast hinaufliefen. „Ich gehe jetzt und suche das Schlafzimmer des Prinzen."

Im Schlafzimmer des Prinzen durchsuchte die Katze alle Ecken und Winkel nach dem Rubin, ohne ihn jedoch zu finden. Nur ein Mäuschen, das in einer Ecke hockte, geriet Ihr in die Pfoten.

„O werte Frau Katze", bat die kleine Maus zitternd. „Hab Erbarmen mit mir und laß mich frei. Dann verrate ich dir auch, was hier alles zu haben ist."

„„Ich brauche nur den Rubin, der alle Wünsche erfüllt."

„Den Rubin hat der Prinz in seinem Mund."

Sofort ließ die Katze die kleine Maus fahren, die auf das Bett des Prinzen sprang und dem Prinzen mit ihrem Schwanz an der Nase kitzelte. Darauf mußte der Prinz laut niesen, und der Rubin fiel aus seinem Mund. Die Katze packte den Rubin, lief hinaus, setzte sich wieder auf den Rücken des Hundes, und sie schwammen zurück aufs feste Land.

Nachdem sie wieder beim Faulpelz waren, weckten sie ihn und gaben ihm den Rubin. „Jetzt brauchst du keine Arbeit mehr zu suchen. Dieser Rubin wird alle deine Wünsche erfüllen."

Am andern Morgen weckte der Faulpelz seine Mutter: „Jetzt sollst du dich nicht mehr plagen. Ich heirate die Königstochter!"

„Red keinen Unsinn, Faulpelz!" schrie ihn die Mutter an.

„Mutter", sagte der Sohn unbekümmert. „Geh in den Palast und bitte um die Hand der Prinzessin!"

Die Mutter fuchtelte aufgeregt mit den Armen. Erst als der Sohn ihr erzählte, daß er einen Zauberrubin besitze, der alle Wünsche erfüllen könne, machte sie sich auf, um in den Palast zu gehen. Dort hielt sie beim König um die Hand seiner Tochter für ihren Sohn an.

„Und was tut dein Sohn?" fragte der König.

„Mein Sohn kann alles", entgegnete die Mutter stolz.

„Na gut", sagte der König. „Richte deinem Sohn aus, er soll zwei Brücken bauen, die von eurem Hause zu meinem Palast führen, eine aus reinem Gold, die andere aus Silber. Wenn er das vermag, gebe ich ihm meine Tochter zur Frau. Kann er es aber nicht, lasse ich euch alle beide bei lebendigem Leibe verbrennen! Vergiß nicht, die beiden Brücken müssen morgen bei Sonnenaufgang fertig sein!“

Natürlich fiel es dem Faulpelz nicht schwer, den Wunsch des Königs zu erfüllen. Bei Sonnenaufgang waren beide Brücken fertig.

Als der König aufstand und zum Fenster hinaussah, gewahrte er die zwei funkelnden Brücken.

„Meine Tochter hat Glück“, rief er erfreut.

Also heiratete Faulpelz die Prinzessin und wurde Prinz. Er lebte mit seiner Prinzessin in einem goldenen Haus und seine Mutter in einem silbernen.

Und der Hund und die Katze, seine beiden treuen Diener, bekamen eine goldene Hütte.

Mondfinsternis

Es war einmal eine arme Witwe. Als sie ihr Ende nahen fühlte, rief sie ihre beiden Enkel zu sich und sagte: „Liebe Kinder, ich habe weder Gold noch Silber wie andere Großmütter und hinterlasse euch nur den Mörser und den Stößel.“

So bekam der ältere Bruder den Mörser und der jüngere den Stößel.

„Was soll ich mit dem Mörser? Bin ich vielleicht ein Koch?“ meinte der ältere Bruder und nahm ihn nicht. Er ging ins Nachbardorf, wo harte Arbeit auf ihn wartete.

„Wenn der Stößel zu nichts gut wäre, hätte ihn mir die Großmutter nicht hinterlassen“, dachte der jüngere Bruder und nahm ihn mit, wohin er auch ging, selbst als die Nachbarn ihn auslachten.

Er war sehr arm und ernährte sich vom Reisigsammeln. Eines Tages stieß er im Dschungel auf eine große Schlange. Vor Angst kletterte er auf einen Baum. Wie groß war sein Erstaunen, als die Schlange plötzlich wie ein Mensch zu sprechen begann: „Ich tu dir nichts zuleide, bitte, leih mir nur den Stößel.“

„Wozu brauchst du ihn?“

„Mein Weib starb vor einem Weilchen. Wenn ich deinen Stößel an ihre Nase lege, erwacht sie wieder zum Leben.“

„Mein Stößel soll ein Zauberding sein?“ Der junge Mann wollte es nicht glauben.

„Komm mit und sieh selbst“, forderte ihn die Schlange auf.

Er folgte der Schlange durch den Busch zu ihrer toten Gefährtin. Die Schlange legte den Stößel an die Nüstern des toten Tieres, das sofort wieder zum Leben erwachte.

„Der Stößel besitzt einen Zauberduft. Seine Kraft schwindet nur dann, wenn du sein Geheimnis jemandem verrätst!“

Nachdem sich die Schlangen bei dem Jüngling artig bedankt hatten, machte sich dieser auf den Heimweg. Unterwegs fand er einen toten Hund.

„Ich muß es doch mal probieren", dachte der junge Mann und legte den Stößel an die Hundeschnauze. Wirklich, der Hund wurde wieder lebendig, sprang auf seine Pfoten und gesellte sich sofort zu dem jungen Mann. Dieser nannte ihn den Faulen, weil er aus der Fäulnis wieder auferstanden war. Und der Faule wurde sein treuer Diener und Gefährte.

Weil der Jüngling Tote zu neuem Leben erweckte, wurde er nun von den Menschen verehrt, die ihn für einen großen Arzt hielten. Niemand erriet sein Geheimnis. Den Stößel, den er immer bei sich trug, hielten sie für einen Talisman.

Eines Tages ließ ihn sogar der König rufen, weil seine einzige Tochter gestorben war. Als er ihr das Leben wieder geschenkt hatte, gab der König sie ihm voll Dankbarkeit zur Frau.

Nun war der Jüngling Kronprinz geworden, behielt aber noch seinen Stößel und schenkte nach wie vor Sterbenden das Leben. Erst dann, wenn die Menschen nicht mehr wissen sollten, was Unglück und Leid ist, wollte er damit aufhören.

„Mein Stößel siegt über den Tod. Und was ist mit dem Alter?" grübelte der junge Mann. „Vielleicht wehrt er auch das Alter ab?"

Von nun an legte er täglich sich und seiner Frau den Stößel an die Nase. Natürlich wunderte sich die Prinzessin darüber, ließ es aber geschehen, weil sie es für eine Grille des großen Arztes hielt.

So vergingen Jahre, ohne daß er und seine Frau älter wurden. Damit schien er das Geheimnis der ewigen Jugend gefunden zu haben.

Vielleicht ist aber zuviel Glück doch nicht gut für einen Menschen. Der Mond wurde neidisch, weil es zwei Sterbliche gab, die ebenso wie er ewig jung blieben.

Er grübelte: „Selbst die Sonne wird älter. Zum Abend wird sie schwächer, errötet und wird ganz häßlich!"

Er begann nach einer Gelegenheit zu suchen, um sich den Zauberstößel anzueignen.

Eines Tages wurde der Stößel plötzlich feucht und bedeckte sich mit grünem Schimmel. Was tun? Der Prinz trug ihn in die Sonne, damit er trockne, und setzte sich daneben.

Dies mißfiel der Prinzessin. „Mein Herr", rief sie. „Es geziemt sich nicht für einen König, so ein altes Zeug an der Sonne zu trocknen. Wenn es nötig ist, können es die Soldaten bewachen!"

Dies sagte sie so herrisch, daß der Prinz schließlich nachgeben mußte.

„Schon gut", sagte er. „Mein treuer Hund, der gute Faule, bleibt hier. Ihm allein kann ich den Stößel anvertrauen."

Und der treue Hund setzte sich daneben.

Der Mond hatte alles mit angesehen und kam sofort vom Himmel herunter. Der Schein des ungebetenen Gastes blendete den treuen Hund, aber er spürte doch, daß etwas Böses im Gange war. Schon hatte der Mond den Stößel gepackt und war auf und davon. Der Hund stürzte dem Dieb hinterher, immer dem Duft nach. Seitdem jagt der Hund hinter dem Mond her. Erblickt er ihn nachts am Himmel, läuft er ihm nach. Am Tage sucht er den Stößel nach dem Duft, und weil er ununterbrochen den Duft einatmet, wird er weder älter noch stirbt er. Manchmal gelingt es dem treuen Hund sogar, den Mond einzuholen. Dann packt er ihn und versucht, ihn herunterzuschlucken. O nein, das gelingt nicht. Ihm wird nämlich so übel davon, daß er den Mond fahrenläßt. Und alles fängt wieder von vorn an, und die Jagd endet nimmer.

Deshalb sagen die Menschen in Birma bei Mondfinsternis: „Der Hund hat den Mond erwischt!“ Und wenn die Finsternis vorüber ist: „Jetzt ist dem ärmsten Hund wieder speiübel!“

Das kleine Fröschlein

Es war einmal ein Fröschlein, klug und fleißig. Im selben Ort lebte auch noch ein großer, dummer und fauler Frosch, der vor Neid fast platzte, weil alle das Fröschlein gern hatten.

Eines Tages befahl die Mutter dem Fröschlein, an den Fluß zu gehen und Wasser zu holen.

Das Fröschlein tat, wie ihm geheißen, doch kaum beugte es sich über den Fluß, um Wasser in das Bambusfaß zu schöpfen, riß der starke Strom das Faß mit. Unser Fröschlein sprang hinterdrein in den Fluß, und es gelang ihm zum Glück, sich ans Faß zu klammern. Darum ertrank es nicht.

Eine böse Hexe lebte einige Meilen flußabwärts. Alle Lebewesen fürchteten sich vor ihr, weil sie alles Lebendige auffraß. Als das Fröschlein nun mit dem Bambusfaß angeschwommen kam, zog die Hexe es an Land. Aber das Fröschlein war wirklich gar zu klein. Darum verspeiste die Hexe es nicht, sondern nahm es als Diener in ihr Haus.

„Fröschlein“, sagte sie, „in meinem Kopf rumoren lauter kleine Messer. Schau doch einmal nach, ob ich nicht voller Läuse bin.“

Folgsam sah das Fröschlein in den Haaren der Hexe nach. Die waren aber sauber. Um nicht in den Verdacht zu kommen, es sei faul, weil es keine Läuse gefunden hatte, sagte das Fröschlein: „O Herrin, erlaubt, daß ich in die Küche gehe und mir die Hände wasche, bevor ich Euer wundervolles Haar berühre.“

„Was für ein reinliches Kerlchen“, rief die Hexe.

Das Fröschlein entwischte aus der Hintertür, kletterte auf den nächsten Feigenbaum und holte Kerne, wusch sich dann in der Küche die Hände und kam wieder in die Stube.

Nachdem das Fröschlein eine ganze Weile nach Läusen gesucht hatte, dabei knackte es die Kerne, rief es: „O Herrin, du hast sehr viele Läuse in deinem Haar."

Die Hexe war über das artige Fröschlein, das sich so abmühte, hocherfreut.

Am nächsten Tag befahl sie dem Fröschlein, bevor sie fortging: „Hüte mein Haus, aber wehe dir, wenn du in mein Schlafzimmer gehst!"

Kaum war die Hexe jedoch verschwunden, guckte das Fröschlein ins Schlafzimmer, wo Knochen, Schädel und halbaufgefressene Körper herumlagen. Es unterdrückte seine Angst, schloß die Tür wieder vorsichtig und setzte sich wartend in eine Ecke.

Als die Hexe später nach Hause kam, sagte sie: „Du bist ein braves Kind! Willst du nicht immer bei mir bleiben?"

„O Herrin, gern würde ich hierbleiben", antwortete das Fröschlein, „aber ich denke immerzu an meine arme Mutter. Wer kümmert sich jetzt um die Greisin, wenn ihr einziges Kind so weit weg ist?"

„Vielleicht hast du aber nur Angst vor mir", meinte nun die Hexe, neugierig, ob das Fröschlein nicht doch das Verbot übertreten und das Geheimnis des Schlafzimmers entdeckt hatte.

„O nein", erwiderte das Fröschlein mit süßer Stimme, „ich schätze euch sehr und habe euch gern."

Die Hexe war so entzückt über diese Antwort, daß sie dem Fröschlein sieben stücke Gold gab und ihm erlaubte, wieder auf dem Fluß nach Hause zurückzukehren.

Alle Frösche im Dorf waren froh über das große Glück des Fröschleins, allein der große dumme Frosch platzte fast vor Neid. Er packte ein Bambusfaß, ging mit ihm an den Fluß, setzte sich hinein und ließ sich flußabwärts gleiten. Wie erwartet, zog die Hexe das Faß ans Land. Obwohl sich der große Frosch unter seinen Schwestern sehr groß dünkte, war er für die Hexe als Futter viel zu klein. Wiederum entschloß sie sich, ihn als Diener zu nehmen.

Im Haus angekommen, sagte die Hexe wieder: „Messer rumoren in meinem Kopf, sieh mal nach, ob ich dort lauter Läuse habe!"

Kaum hatte der Frosch einen Blick auf die Haare getan, sagte er, dort sei nichts zu finden.

Ein Faulpelz ist er, dachte die Hexe.

Am nächsten Tag befahl sie dem großen Frosch, das Haus zu hüten.

„Untersteh dich, in mein Schlafzimmer zu gucken", warnte sie ihn streng.

Kaum war sie aus dem Hause, öffnete der große Frosch das Schlafzimmer, und als er die Knochen, Schädel und halbaufgefressene Körper erblickte, schrie er ängstlich los: „Ich will nach Haus! Nach Haus!"

Die Hexe kam zurück, fand den großen Frosch in Tränen aufgelöst, und als sie dann noch die weit offene Tür ihres Schlafzimmers gewahrte, wußte sie, daß der große Frosch ihr Verbot übertreten hatte, und deshalb verspeiste sie ihn.

Warum in Pagan so viele Pagoden sind

Es ist schon lange Zeit her, da waren die Menschen in Pagan noch arm. Damals lebte dort ein Mönch, ein Alchimist, der den Stein der Weisen suchte. Seine alchimistischen Versuche waren aber sehr kostspielig und er hätte sie ohne Unterstützung des Königs nicht durchführen können.

Tag und Nacht saß der Mönch über alten Pergamenten und machte danach seine Experimente. So vergingen Wochen und Monate. Die königliche Kasse wurde immer leerer und das Volk weigerte sich, Steuern zu zahlen, weil es sich sagte, der König vergeude das Geld an einen Schwindler.

Der Mönch kam mittlerweile zu seinem letzten Experiment.

„Senke dieses Metallstück in ein Säurebad und es wird sich in den Stein der Weisen verwandeln."

Er teilte dies dem Volk mit und beteuerte, er müsse nurmehr einen letzten Versuch machen, um den Stein der Weisen zu finden. Und die Menschen bezahlten ihre Steuern.

Er tauchte das Metallstück, das Ergebnis vieler Versuche, in Säure. Sieben Tage vergingen, aber es wurde nicht zum Stein der Weisen. Da ging der Mönch zum König, um ihm den Mißerfolg zu melden.

Als die Menschen erfuhren, daß der Versuch wieder mißglückt war, dachten sie, der Mönch sei zum König gegangen, um weiteres Geld zu fordern. Sie umringten den Palast und forderten, den Mönch als Lügner und Betrüger zu verurteilen.

Der König wußte nicht, was er machen sollte. Er zweifelte nicht an der Redlichkeit des Mönches, aber die Menschen mußten beruhigt werden.

Da stach sich der Mönch beide Augen aus und sagte zu den Leuten:

„Schaut euch meine Augen an, Leute! Ich wollte euch allen helfen, damit es euch besser gehe, es ist mir aber nicht gelungen. Ihr seht, ich habe mich selbst bestraft. Genügt euch das für euer Geld?“

Die Menschen sahen ein, daß die Strafe streng genug war, und gingen auseinander.

Viele Tage und Nächte verbrachte der Mönch eingeschlossen in seiner Zelle, rührte nichts mehr an, weil er von seiner Wissenschaft so enttäuscht war. Zuletzt verwandelte sich seine Enttäuschung in Haß. Er zerschlug alle Retorten, Probiergläser und Gefäße, verbrannte alle Schriften und befahl seinem Schüler, das unglückliche Metallstück in die Senkgrube zu werfen.

Der Schüler tat, wie ihm geheißen, als es aber dunkel wurde, bemerkte er in der Senkgrube ein seltsames Leuchten. Er lief mit lautem Geschrei zum Mönch.

„Mein Lehrmeister, komm und sieh dir das an! In der Senkgrube sind bestimmt Götter!“

„Vergiß nicht, daß ich blind bin“, antwortete der Mönch. „Erzähle mir in Ruhe, was du dort gesehen hast!“

Nachdem er den Jüngling angehört hatte, begriff er, daß sich das Metallstück doch in den Stein der Weisen verwandelt hatte. ‚So also ist das!‘ dachte er sich. ‚Beim Abschreiben des Manuskriptes wurde ein Fehler gemacht. Anstatt „versenke das Metallstück in ein Säurebad“, hätte man schreiben müssen „bade das Metallstück in der Senkgrube“.

Der Schüler holte den Stein der Weisen aus der Senkgrube. Der Mönch bat ihn, zum Fleischer zu gehen und ein Paar Ochsen- oder Ziegenaugen zu kaufen. Beim Fleischer fand sich aber nur ein Ochsen- und ein Ziegenauge. Der Mönch legte sie in seine leeren Augenhöhlen, berührte sie mit dem Stein der Weisen und konnte wieder sehen. Nur hatte er jetzt ein Ochsen- und Ziegenauge. Ein kleines und ein großes.

„Von jetzt an wird man mich Ziegenochse nennen“, sagte der Mönch lachend und ging in den Königspalast.

Er teilte dem König mit, daß sich sein Wunsch erfüllt habe und daß er entschlossen sei, bei Sonnenaufgang die Welt der Menschen zu verlassen. Vorerst sollten aber die Diener vor dem Palast große Kessel aufstellen und sie mit allem Blei und Kupfer aus dem Palast füllen.

Und obgleich es schon nach Mitternacht war, befahl der König, die Einwohner der Stadt zu wecken. Die Boten verkündeten unter Gongschlägen, daß alle bis Sonnenaufgang vor ihre Häuser große Kessel aufstellen und in ihnen alles vorhandene Blei und Kupfer zu schmelzen haben.

Kaum dämmerte der Morgen, ging der Mönch mit seinem jungen Gehilfen zuerst zum Königspalast, dann von einem Haus zum anderen. Der Mönch warf in jeden Kessel den Stein der Weisen und alles Blei verwandelte sich in Silber und das Kupfer in Gold. Der wunderwirkende Stein sprang jedesmal von selbst aus dem Kessel in die Hand des Mönches zurück.

Pagan wurde reich, und weil seine Einwohner so viel Gold und Silber hatten, erbauten sie unzählige Pagoden, die auch heute noch stehen.

Nachdem der Mönch Ziegenochse mit seinem Schüler die ganze Stadt abgelaufen war, gingen sie zum Berg Poipa. Dort schwebten von oben Lianen herab, wanden sich sanft um den Lehrer und den Jüngling und zogen sie hinauf auf den Gipfel. Der Mönch grub einige Zauberwurzeln aus und zermalmte sie mit dem Stein der Weisen. Die verschiedenen Wurzeln verwandelten sich in sechs Pillen, von denen er drei herunterschluckte. Die restlichen drei bot er seinem Schüler an, aber dieser zögerte.

„Warum zögerst du, mein lieber Schüler?“ fragte der Mönch.

„Das ist doch rohes Fleisch!“ antwortete der Jüngling weinend.

„Nein, das sind Wunderpillen!“ sagte der Mönch. „Habe ich dich jemals belogen?“

Der Jüngling versuchte eine Pille herunterzuschlucken, aber es gelang ihm nicht, weil sich ihm vor Ekel der Magen hob.

„Ich sehe schon, mein Junge, dich hat das Schicksal nicht dazu bestimmt, an meinen wissenschaftlichen Erfolgen teilzunehmen“, sagte der Mönch traurig. „Wir müssen uns trennen!“

Der Jüngling verneigte sich mit Tränen in den Augen vor seinem Lehrmeister, und der Mönch schenkte ihm zum Abschied eine Goldmünze. Dann umwanden die Lianen wieder den Jüngling und trugen ihn hinunter an den Fuß des Berges. Er wanderte in sein Heimatsdorf zu seiner Mutter, einer armen Witwe, und kehrte nicht mehr ins Kloster zurück.

„Mutter, gib mir zu essen!“ bat der Jüngling, nachdem er seine Mutter begrüßt hatte.

„Ach, mein Sohn“, antwortete die Mutter traurig, „ich habe kein einziges Körnchen Reis, auch kein Geld, um etwas zu kaufen.“

Da fiel dem Jüngling die Goldmünze ein, die ihm der Mönch gegeben hatte. Er zog sie aus der Tasche und sagte:

„Hier hast du, Mutter! Geh und kaufe Reis.“

Als die Mutter das Haus verlassen wollte, fühlte er eine Goldmünze in der Tasche.

„Mutter, Mutter, du hast die Goldmünze vergessen!“ rief er ihr nach.

„Aber nein, mein Sohn, ich habe sie, schau!“ antwortete die Mutter und zeigte ihm die Goldmünze.

Der Jüngling zog die zweite Goldmünze heraus und fühlte, daß er eine weitere in der Tasche hatte. Da begriff er, was ihm sein Lehrer zum Abschied als Geschenk gegeben hatte.

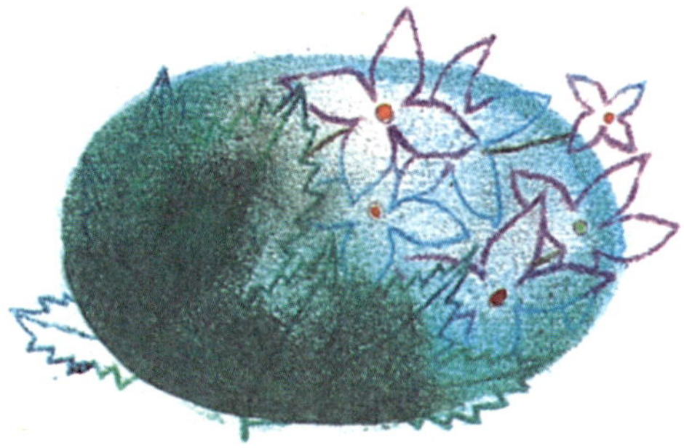

Fräulein Frosch

Es waren einmal zwei Eheleute, die sich lange ein Kind wünschten. Als sie fühlten, daß ihr Wunsch endlich in Erfüllung gehen sollte, dankten sie dem Himmel. Wie groß war aber ihre Enttäuschung, als dann anstelle eines Kindes ein kleiner Frosch zur Welt kam. Der kleine Frosch benahm sich aber und redete auch so wie ein Menschenkind. Alle gewannen das Kleine sehr lieb und nannten es Fräulein Frosch.

Nach ein paar Jahren starb die Mutter, und der Vater nahm eine Witwe zur Frau, die mit zwei häßlichen Töchtern ins Haus kam. Diese beiden beneideten Fräulein Frosch, weil es von allen Nachbarn geliebt wurde. Sie taten ihm daher nur Böses an, wann immer sie konnten.

Im Lande regierte ein König, der vier Söhne besaß. Eines Tages ließ der jüngste verkünden, er veranstalte ein feierliches Haarewaschen und wolle sich bei diesem Anlaß seine künftige Frau auswählen. Deshalb wurden alle jungen Mädchen in den Palast geladen.

Als der festliche Tag anbrach, zogen die zwei häßlichen Schwestern ihre schönsten Kleider an und machten sich auf den Weg zum Palast. Fräulein Frosch lief hinterher und bettelte: „Schwestern, nehmt mich doch mit!"

Aber diese verhöhnten sie nur: „Warum willst du mitgehen? Junge Mädchen sind eingeladen, keine Frösche!"

Fräulein Frosch ließ nicht locker und lief hinter ihnen her bis ans Schloßtor. Dort ließen die Schwestern sie stehen. Aber Fräulein Frosch bettelte so artig bei der Wache, daß sie es passieren ließen.

Im königlichen Garten versammelten sich alle jungen Mädchen vor einem Becken, in dem Wasserlilien blühten. Fräulein Frosch gesellte sich unauffällig zu ihnen.

Nicht lange, da erschien der Prinz und wusch sich sein Haar im Becken. Alle jungen Mädchen taten es ihm nach. Nach dieser Zeremonie erklärte der Prinz, daß alle Mädchen sehr schön seien, deshalb werfe er jetzt eine Jasminblüte in die Luft. Auf wen die Blüte falle, die nehme er zur Frau.

Er warf die Blüte hoch in die Luft, und alle jungen Mädchen richteten hoffnungsvoll ihre Blicke auf die Blüte. Wie groß war ihre Enttäuschung, als diese auf den Kopf von Fräulein Frosch fiel. Auch der Prinz war enttäuscht, aber er wollte sein Wort halten, und Fräulein Frosch wurde Prinzessin Frosch.

Es vergingen einige Wochen. Dann rief der König seine vier Söhne zu sich.

„Liebe Kinder, ich bin schon alt und will das Land nicht länger regieren, sondern als Einsiedler mein Leben im Walde beschließen. Einer von euch muß mein Nachfolger werden. Aber weil ich euch alle vier gleichermaßen liebe, gebe ich euch eine Aufgabe. Wer sie löst, wird meinen Platz auf dem Thron einnehmen. Bringt mir am siebten Tag einen goldenen Hirsch her."

Der jüngste Sohn kam zur Prinzessin Frosch zurück und erzählte traurig, was für eine Aufgabe der Vater gestellt hatte.

„Einen goldenen Hirsch? Sonst nichts?" rief Prinzessin Frosch. „Sei nicht traurig, mein Prinz, du wirst den goldenen Hirsch haben."

Die drei älteren Prinzen suchten den goldenen Hirsch im Dschungel, und der jüngste blieb zu Hause. Am siebten Tag weckte Prinzessin Frosch vor Morgengrauen ihren Mann und rief: „Geh in den Palast. Hier wirst du den goldenen Hirsch finden."

Der Prinz sah auf, wischte sich die Augen und blickte noch einmal hin. Der Hirsch, den Prinzessin Frosch am Zügel hielt, war aus reinem Gold. Also ging der Prinz in den Palast, und zum großen Leidwesen seiner Brüder, die nur gewöhnliche Hirsche gebracht hatten, erklärte ihn der König zu seinem Nachfolger. Die älteren Prinzen überredeten aber den Vater, sie noch einmal ihr Glück versuchen zu lassen.

Nur ungern willigte der König ein. „Na schön. Bringt mir am siebten Tag frühmorgens Reis, der niemals verdirbt, und Fleisch, das immer frisch bleibt."

Wieder kam der Prinz zu seiner Prinzessin Frosch und erzählte, was der König gefordert habe.

„Sei nicht traurig, lieber Prinz", erwiderte Prinzessin Frosch, „auch dies wirst du bekommen."

Der Prinz blieb zu Hause, während seine Brüder nach dem besonderen Reis und dem Fleisch suchten. Am siebten Tag weckte Prinzessin Frosch ihren Mann in der Frühe.

„Geh in den Palast, mein Herr, hier hast du Reis und Fleisch."

Wiederum erklärte der König seinen jüngsten Sohn zu seinem Nachfolger. Aber die drei älteren Prinzen baten den Vater noch einmal, ihr Glück versuchen zu dürfen.

Der König sagte: „Gut, aber zum letztenmal. Bringt mir am siebten Tag frühmorgens die schönste Frau der Welt."

„Oh", riefen die älteren Brüder froh. „Unsere Frauen sind wunderschön, und wir bringen sie her. Dann erklärt er bestimmt einen von uns zum Thronfolger. Und unser unnützes Brüderlein hat diesmal das Nachsehen."

Zufällig hörte der jüngste ihre Worte und wurde sehr traurig. Er hatte doch einen Frosch, einen häßlichen Frosch zur Frau!

„Teure Prinzessin", sagte er zu seiner Frau, „der Vater hat erklärt, daß derjenige Thronfolger wird, der ihm die schönste Frau der Welt zuführt. Meine Brüder werden diese Aufgabe mit Leichtigkeit erfüllen, denn ihre Frauen sind schön, aber ich?"

„Sei nicht traurig, mein Prinz", antwortete Prinzessin Frosch. „Am siebten Tag gehen wir zusammen in den Palast, und du wirst erleben, daß ich die Allerschönste bin!"

Überrascht sah der Prinz sie an.

„Gut, Prinzessin", sagte er freundlich, weil er sie nicht kränken wollte. „Ich nehme dich mit."

In der Frühe des siebten Tages weckte Prinzessin Frosch den Prinzen und sagte: „Mein Herr, ich muß mich anziehen. Warte draußen. Ruf mich, wenn es Zeit ist, um in den Palast zu gehen."

Der Prinz ging hinaus und rief nach einer Weile: „Prinzessin, es ist Zeit!"

„Sogleich, mein Herr", antwortete sie. „Ich muß mich nur noch pudern." Und schon rief Prinzessin Frosch: „Ich bin fertig. Bitte, öffne die Tür."

Der Prinz dachte: „Na, vielleicht sehe ich jetzt eine Schönheit, schließlich hat sie ja auch den goldenen Hirsch, den Zauberreis und das unbekannte Fleisch herbeigeschafft."

Ungeduldig riß er die Tür auf, aber wehe! Er sah nur den Frosch, so häßlich wie immer. Weil er ihr aber keinen Schmerz zufügen wollte, führte er sie in den Palast.

Als der Prinz und Prinzessin Frosch in den Saal traten, befanden sich die älteren Brüder mit ihren schönen Frauen bereits dort. Verlegen blickte der König seinen jüngsten Sohn an und fragte: „Und wo hast du deine Schöne?"

„Erlaube, gnädiger Fürst, daß ich selbst antworte", ließ sich da Prinzessin Frosch vernehmen. „Ich bin seine Schöne."

Plötzlich warf sie ihre Froschhaut ab, und alle sahen eine junge Schönheit, die in

Seide und Atlas gekleidet war. Der König erklärte sie zur Allerschönsten auf der Welt und ernannte den jüngsten Prinzen zu seinem Nachfolger.

Der Prinz bat seine Frau, nie wieder die scheußliche Froschhaut anzuziehen. Gern erfüllte sie ihm diesen Wunsch und warf die Froschhaut ins Feuer.

Der Traum vom Topf voller Gold

In einem kleinen Dorfe lebten zwei liebe alte Eheleute. Einmal setzten sie sich in den Schatten einer Tamarinde, um sich ein wenig auszuruhen. Der alte Mann seufzte: „Ach, mein Rücken ist schon ganz krumm, immerzu müssen wir Reisig sammeln... Wenn wir doch einmal reich wären!"

Da entgegnete seine Frau: „Sei nicht traurig, mein lieber Mann. Sicherlich finden wir einmal einen Schatz und sind dann reich."

Da lächelte der Alte nur wie über einen Scherz.

Der Geist der Tamarinde aber hatte das Gespräch belauscht, und weil ihm das alte Ehepaar gut gefiel, wollte er sie glücklich machen.

In der Nacht weckte der Alte seine Frau: „Hör zu, liebe Frau, soeben hatte ich einen seltsamen Traum. Mir ist der Geist der Tamarinde erschienen und hat mir befohlen, einen Topf voller Gold auszugraben; er soll drei Schritte von diesem Baum in östlicher Richtung in der Erde sein."

„Wie seltsam", rief die Alte aus. „Ich träumte dasselbe und wollte dich gerade wecken."

„Ach, zerbrechen wir uns nicht weiter die Köpfe. Vorm Einschlafen haben wir an deinen Topf voller Gold gedacht, na, und jetzt haben wir sogar davon geträumt... Laß uns lieber weiterschlafen."

Diebe, die gerade an der Hütte der alten Leute vorbeikamen, belauschten das Gespräch. Sofort liefen sie zur Tamarinde, maßen drei Schritte nach Osten ab und fingen an zu graben. Da fanden sie wirklich einen irdenen Topf.

Sie hoben den Deckel auf und leuchteten hinein, und sie sahen eine große Schlange, die dort zusammengeringelt schlief. Schnell machten sie den Deckel wieder zu und schimpften auf die beiden Alten.

„Ich wette meinen Hals, daß uns der Alte gehört und deshalb gelogen hat, um uns reinzulegen!“ sagte der Anführer. „Gut ausgedacht. Schön, aber jetzt setzen wir ihm die Schlange vor. Mag er mitsamt seiner alten Hexe krepieren.“

Sie trugen den Topf, in dem die Schlange lag, in die Hütte der beiden Alten, überzeugten sich davon, daß beide fest schliefen, und stellten ihn sodann vor das Bett auf die Erde.

Im Morgengrauen erwachte die alte Frau, und als sie den Topf vor dem Bett stehen sah, weckte sie ihren Mann.

Er hob sogleich den Deckel hoch und fand darin lauter Gold. Die guten alten Leute waren nun reich und lebten fröhlich und zufrieden.

Wie der große König Spreu gegessen hat

Es war einmal ein mächtiger König. Eines Tages wollte er sehen, wie sein Volk lebte. Er zog sich an wie ein armer Mann und ging in die Stadt, und nur ein Höfling durfte ihn begleiten. Bei einer alten Frau blieb er stehen. Die Alte drosch Reis und sonderte dann die Spreu aus. Und weil die Spreu so herrlich duftete, wollte der König unbedingt davon kosten. Er befahl dem Höfling, ihm eine Handvoll zu geben. Der Mann wurde verlegen und wandte ein, es schicke sich für den großen König nicht, den Fraß für Kühe und Schweine zu essen. Doch der König wollte nichts davon hören und aß gierig die Spreu. Dann sagte er: „Wenn nur eine einzige Seele davon etwas erfährt, laß ich dir den Kopf abschlagen."

Als sie wieder im Palast waren, packte den Höfling der wahnwitzige Wunsch, jemandem mitzuteilen, daß der König Spreu gegessen hatte. Zunächst suchte er sich mit allerlei Lieblingsgerichten von diesem Wunsch abzulenken. Später legte er sich ins Bett, schloß die Augen, sang Lieder, doch alles war vergebens. Wenn er das Geheimnis wenigstens jemandem zuflüstern könnte, dachte er.

Mehrere Tage vergingen. Der Höfling magerte ab, kränkelte und konnte es nicht länger aushalten. Schließlich lief er aus dem Haus und suchte nach einem Platz, wo er das, was jeden Augenblick aus seinem Munde zu entweichen drohte, flüsternd aussprechen könnte.

Er sprang in ein Boot, war schon in der Mitte des Flusses Irawadi, aber hier, so fürchtete er, könnten ihn die Fischer hören. Also lief er auf den Friedhof; aber da gab es die Totengräber. Schließlich gelangte er in den Dschungel. Dort steckte er seinen Kopf in einen hohlen Baum und sagte leise: „Der große König hat Spreu gegessen. Er hat Spreu gegessen!"

Nun fühlte sich der Höfling erleichtert und ging zufrieden in den Palast zurück.

Viele Monate waren vergangen. Die große Trommel im Palast, die die Zeit verkündete, war sehr alt geworden und konnte nicht mehr weiter dienen. Also mußte eine neue angefertig werden. Die Meister begaben sich in den Dschungel und fällten einen großen Baum, aber es war derjenige, in den der Höfling sein Geheimnis geflüstert hatte.

Die neue Trommel war schön geworden, und alle, die Meister, das Volk und selbst der König, waren stolz auf sie. Man trug sie feierlich an ihren Platz. Voller Erwartung verstummte die Menge. Der Trommler rührte seine Schlegel, und da geschah etwas Unglaubliches: Statt des gewohnten Bum-Bum, schrie die Trommel: „Der große König hat Spreu gegessen. Er hat Spreu gegessen!“

Wie das Kaninchen den Dschungel vom Tyrannen befreite

Eines Tages rief der Löwe, der König aller Tiere, seine Untertanen zusammen und sagte: „Wenn ich auf Jagd gehe, zittert ihr alle vor Angst, obwohl ich immer nur einen von euch fresse, um meinen Hunger zu stillen. Ich schlage euch deshalb vor, mir jeden Tag zum Frühstück einen von euch zu schicken. Das ist für alle besser. Ihr seid eure Angst los, und ich brauche nicht mehr auf die Jagd zu gehen."

So geschah es. Kaum dämmerte es morgens, stellte sich immer das Opfer, das an der Reihe war, beim Löwen ein. Die Tiere hatten untereinander abgemacht, daß jeden Abend das Los entscheiden sollte.

Nun brauchte der Löwe lange Zeit nicht aus seiner Höhle hervorzukommen, und alle Tiere lebten ohne Angst im Dschungel.

Eines Tages fiel das Los auf das Kaninchen. Es überlegte: „Warum soll ich eigentlich dem Löwen von selbst ins Maul kriechen? Ich muß mir etwas ausdenken, um den Dschungel von dem Tyrannen zu befreien."

Das Kaninchen schlief die ganze Nacht nicht, sondern grübelte und grübelte.

Morgens erwachte der Löwe und wartete auf sein Opfer. Aber niemand zeigte sich. Der König der Tiere brüllte wütend und wollte schon in den Dschungel gehen, um seine Untertanen zu bestrafen, da kam das Kaninchen angelaufen.

„Na, endlich kommt mein Frühstück!" brummte der Löwe. „Warum hast du dich verspätet?"

„O Herr", antwortete das Kaninchen, „hab nur ein wenig Geduld. Ich muß dir unbedingt erzählen, was mir zugestoßen ist. Unterwegs traf ich einen anderen Löwen. Er wollte mich schon auffressen, aber ich sagte, daß ich zu dir, o Herr und König des Dschungels, unterwegs sei. Da wurde er wütend und erklärte, du wärest ein Tyrann. Er ließ mich nur unter der Bedingung laufen, daß ich alle Tiere im

Dschungel davon in Kenntnis setzte, jetzt wäre der gesetzmäßige Herrscher zurückgekehrt, um dich mit dem Tode zu bestrafen."

„Zeig mir diesen Bösewicht und Lügner", brüllte der Löwe.

Das Kaninchen führte ihn sofort zu einem tiefen Brunnen.

„Schau hinunter, mein Herr", sagte es. „Dort ist er!"

Der Löwe beugte sich über das Wasser und erblickte darin sein eignes Abbild. Er glaubte seinen Nebenbuhler zu sehen, sprang mit wütendem Gebrüll hinein und ertrank.

Als die Tiere von der großen Tat des Kaninchens erfuhren, feierten sie es begeistert. Von der Zeit hieß es nur noch das kluge Kaninchen.

Der kleine Flötenspieler

In einem Dorf lebte eine arme Frau. Als ihr ein Sohn geboren wurde, war er nicht größer als ein Daumen. Einmal fiel er in ein Loch im Fußboden, und seine Mutter suchte ihn weinend: „Wo bist du, Söhnchen? Wo bist du?"

„Hier, Mutter, bin ich", antwortete das Bürschlein aus dem Loch.

Er besaß eine Flöte und spielte seiner Mutter oft Lieder vor.

„Ich hab dir ein Liedchen gespielt", sagte er. „Koch mir jetzt einen Napf voll Reis."

Nachdem der Reis fertig war, hatte ihn der Junge im nächsten Augenblick verschlungen.

Der kleine Junge tat den ganzen Tag nichts anderes. Er spielte Flöte und aß dann einen Topf Reis. Sein Vater war aber ein armer Bauer und hatte Angst, daß ihn sein kleiner Sohn durch seine Gefräßigkeit an den Bettelstab bringen würde. Deshalb wollte er ihn töten. Die Mutter hatte aber ihren kleinen Sohn sehr lieb und weigerte sich lange. Dann stellte sie eine Bedingung: Wenn der Sohn vier Versuche überstehe, sollte er am Leben bleiben. Darauf ging der Vater ein.

Am nächsten Tag nahm der Vater den kleinen Flötenspieler in den Dschungel mit, um Holz zu holen. Er machte sich daran, einen großen Baum zu fällen. Als der Baum schon umstürzen sollte, befahl er dem Söhnchen, sich dorthin zu stellen, wo er hinstürzen würde. Der kleine Flötenspieler gehorchte, und der Baum fiel zu Boden. Der Vater glaubte, alles sei vorüber, und eilte nach Haus. Doch ihm folgte der kleine Flötenspieler mit dem gefällten Baum auf dem Rücken.

Am zweiten Tag führte der arme Bauer seinen Sohn auf eine breite Straße. Als sich eine Herde Elefanten näherte, befahl er seinem Sohn, sich mitten auf die Straße zu stellen und sich nicht zu rühren, bis er wiederkomme.

Wieder gehorchte der Junge, blieb mitten auf der Straße stehen und spielte auf seiner Flöte. Er war so klein, daß ihn die Elefantentreiber nicht sahen, wohl aber sein Flötenspiel hörten.

„Aus dem Weg! Aus dem Weg!“ riefen sie, sich dabei nach allen Seiten umsehend, und trieben ihre Herde vorüber.

Als die Elefanten heran waren, sprang der kleine Flötenspieler schnell in die Fußspur einer Kuh, und die Elefantenbeine konnten ihm nichts anhaben.

Am folgenden Tage nahm der Vater seinen Sohn zum Fischfang mit. Nachdem sie sich weit vom Ufer entfernt hatten, stieß der Bauer seinen Sohn ins Wasser. Sodann ruderte der Vater eilends ans Ufer in dem Glauben, daß der Sohn ertrunken sei. Aber nicht weit vom Ufer sah er den kleinen Flötenspieler auf dem Rücken eines Krokodils sitzen und auf ihn warten.

„Schau nur, Vater“, rief er ihm lachend zu, „was für eine große Wassereidechse ich für dich gefangen habe!“

Er sprang ins Boot hinüber, und das Krokodil tauchte unter.

Zum drittenmal war es dem armen Bauern nicht gelungen, seinen Sohn loszuwerden.

Es kam der nächste Morgen, und der Vater führte den kleinen Flötenspieler ins Dschungeldickicht und versteckte sich hinter einem großen Baum.

Der Junge glaubte, daß ihn sein Vater verloren habe, und arbeitete sich weinend durch den Busch.

„He, Vater, wo bist du?“

Schließlich wollte er allein nach Hause gehen. Da witterte ihn ein Tiger. Er sprang aus seiner Höhle und erstarrte, so sehr erschreckten ihn die unbekannten Flötentöne. Schnell sprang der kleine Flötenspieler auf seinen Rücken, trieb ihn an und spielte immer weiter auf seiner Flöte. Vor dem Haus ließ er den Tiger anhalten und rief fröhlich: „Schau nur, Vater, was für eine schöne große Katze ich dir mitbringe!“

Er sprang auf die Erde, und der Tiger rannte zurück in den Dschungel. Glücklich schloß die Mutter ihren kleinen Flötenspieler in die Arme, und der Vater mußte einräumen, daß sein Sohn doch ein bemerkenswertes Bürschlein war.

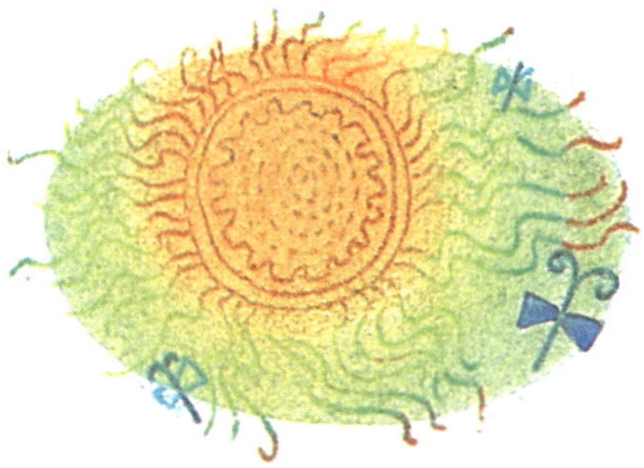

Der Däumling

Es war einmal eine arme Frau, die ein Kind erwartete. Sie mußte Reis trocknen; immer aber, wenn sie den Korb mit dem Reis aus dem Haus trug, versteckte sich die Sonne hinter den Wolken, so daß die Frau glaubte, es werde regnen; und sie trug den Korb wieder hinein. Sofort kam die Sonne erneut strahlend hervor. Das ging viele Male so, bis die Frau schließlich die Geduld verlor und auf die Sonne zu schimpfen begann. Daraufhin verwünschte die Sonne die Frau. Als nun der Sohn geboren wurde, war er sehr klein, nicht größer als ein Daumen. Deshalb nannte man ihn den Däumling.

Der kleine Junge war sehr unglücklich, denn alle Kinder lachten ihn aus. Als er sechzehn Jahre alt war, bat er seine Mutter, ihm doch zu sagen, warum er nicht größer geworden sei. Da hörte er, daß ihn die Sonne verwünscht hatte. Der Däumling rief: „Mutter, back mir morgen einen großen Kuchen. Ich gehe die Sonne suchen, und wir werden unsere Kräfte miteinander messen."

Früh am Morgen machte er sich mit seinem Kuchen, der viel größer als er selbst war, auf den Weg. Er wandte sich nach Norden.

Es war mitten im Sommer. Die Felder waren kahl, und das ganze Land litt unter der sengenden Hitze. Unterwegs kam der Däumling zu einem Boot, das auf dem Trocknen lag, weil die Sonne den Fluß ausgetrocknet hatte.

„Lieber Däumling", sagte das Boot, „wohin so eilig?"

„Ich gehe, um mit meinem Feind, der Sonne, abzurechnen", antwortete der Däumling.

Auch das Boot war auf die Sonne wütend, weil sie den Fluß ausgetrocknet hatte. Es bat: „Lieber Däumling, laß mich mit dir gehen!"

„Natürlich", stimmte der Däumling zu. „Iß ein Stück von meinem Kuchen und schlüpf in meinen Magen hinein."

Das Boot tat, wie ihm geheißen.

Der Däumling schritt weiter, bis er zu einer Bambusdistel gelangte.

„Wohin gehst du? Hast du noch einen weiten Weg?“ fragte ihn höflich die Bambusdistel.

„Ich gehe, um mit meinem Feind, der Sonne, abzurechnen.“

Die Bambusdistel haßte die Sonne, weil viele von ihren Brüdern in der Sonnenglut verwelkt waren, und sie bat deshalb: „Lieber Däumling, darf ich mit dir gehen?“

„Natürlich“, antwortete der Däumling. „Iß ein Stück von meinem Kuchen und schlüpf in meinen Magen hinein.“

Die Bambusdistel tat es.

Der Däumling wanderte weiter, bis er auf Moos stieß.

„Wohin, mein lieber Däumling?“ fragte das Moos.

„Ich gehe, um mit meinem Feind, der Sonne, abzurechnen.“

Das Moos haßte die Sonne auch, weil sie so viel Moos hatte vertrocknen lassen. Es bat: „Nimm mich mit!“

„Natürlich“, antwortete der Däumling. „Iß ein Stück von meinem Kuchen und schlüpf in meinen Magen hinein.“

Auch das Moos tat, wie ihm geheißen.

Und weiter ging der Däumling, bis er ein verdorbenes Vogelei fand.

„Wohin gehst du, lieber Däumling?“ fragte das Ei.

„Ich gehe, um mit meinem Feind, der Sonne, abzurechnen.“

Auch das verdorbene Vogelei konnte die Sonne nicht leiden, die so viele Bäche hatte austrocknen lassen, weshalb seine Eltern und Geschwister vor Durst gestorben waren.

„Kann auch ich mit dir gehen?“ bat es.

„Natürlich“, antwortete der Däumling. „Iß ein Stück von meinem Kuchen und schlüpf in meinen Magen hinein.“

Das verdorbene Vogelei tat, wie ihm geheißen.

Der Däumling gelangte nun mit seinen vier Kameraden im Magen in einen Wald im Norden.

Er wußte, daß dort am anderen Morgen die grausame Sonne hervorkommen würde.

Darum wollte er dort übernachten. Er sah sich nach einem Versteck um, weil die Gegend unheimlich und sehr wild war. Da erblickte er ein Haus in seiner Nähe. Sofort kam ihm der Gedanke, daß darin wohl ein Menschenfresser wohnen mußte.

Aber das Haus war leer.

„Der Menschenfresser wird kommen, um hier zu übernachten“, sagte sich der

Däumling. „Ich will mich mit ihm um dieses Haus prügeln, denn vor dem Kampf mit der Sonne muß ich mich ordentlich ausschlafen.“

Als dies die Bambusdistel, das Moos und das verdorbene Vogelei hörten, baten sie den Däumling: „Herr, erlaube uns, mit dem Menschenfresser abzurechnen. Spare deine Kräfte für morgen auf.“

Das sah der Däumling ein, versteckte sich hinter einem Strauch und wartete, was weiter geschehen würde. Die drei treuen Freunde gingen sofort ins Haus und versteckten zuerst das Feuerzeug. Dann sprang die Bambusdistel aufs Bett, das verdorbene Vogelei warf sich in den glimmenden Kohlehaufen in der Küche, und das Moos legte sich neben den Wasserkrug. Schon betrat der große Menschenfresser das Haus und warf sich aufs Bett.

Aber die Bambusdistel stach ihn an vielen Stellen, und ihn schmerzte jede Wunde sehr.

„Wie viele Wanzen es in dem Bett gibt“, donnerte der Menschenfresser wütend. „Ich zünde die Lampe an und schlage sie alle tot.“

Er stand auf, suchte nach dem Feuerzeug, und als er es nicht fand, ging er in die Küche. Kaum hatte er sich über den glimmenden Kohlehaufen gebeugt, platzte das verdorbene Vogelei mit einem Riesenkrach, und die Asche flog dem Menschenfresser in die Augen. Hastig griff er nach dem Wasserkrug, um sich die Augen auszuwaschen, rutschte aber auf dem Moos aus, fiel hin und brach sich das Genick.

Die drei treuen Diener meldeten dem Däumling, daß der Menschenfresser tot sei.

Früh am andern Morgen forderte der Däumling mit seinen treuen Kampfgefährten die Sonne zum Kampf heraus. Ganz rot vor Zorn ging die Sonne auf und glühte immer heißer, um den armen Däumling mit ihrer Hitze zu töten. Es fehlte auch nicht viel, und er wäre unterlegen, wenn ihm nicht rechtzeitig ein unerwarteter Verbündeter zu Hilfe gekommen wäre. Der Regen kämpft nämlich unentwegt gegen die Sonne, und jeder, der auch mit ihr kämpft, ist sein Verbündeter. Er kam also herbei und kühlte die Sonne ab. Nun sahen der Däumling und seine drei ergebenen Freunde, daß sich die Sonne vor Angst versteckte, und sie begannen laut zu lachen. Doch gleich darauf verstummten sie, weil der Regen auch zahllose reißende Bäche mit in den Kampf führte. Die Gefahr drohte, daß der Däumling ertrank. Da sprang das Boot aus dem Magen und bot ihm seine Dienste an. Die guten Freunde setzten sich hinein und fuhren nach Süden in das Heimatdorf des Däumlings. Als sie dort ankamen, liefen alle Leute zusammen, um den Helden zu begrüßen und die Niederlage der Sonne zu feiern.

Mong Pauk Tschein

Ein junger Mann mit dem Namen Mong Pauk Tschein verbrachte drei volle Jahre auf der Hochschule, ohne etwas zu lernen, weil er nämlich faul war. Am Ende des dritten Jahres nahmen alle Schüler Abschied von ihren Lehrern und machten sich auf den Heimweg. Mong Pauk Tschein kam ebenfalls, um sich von seinem Lehrer zu verabschieden, und dem Lehrer tat er leid.

„Mein Sohn, du hast hier wirklich nichts gelernt. So strenge dich wenigstens jetzt an und versuche, drei kluge Ratschläge zu behalten. Sie sind mein Abschiedsgeschenk. Also höre:

Wenn du gehst und gehst und immer weiter gehst, gelangst du schließlich ans Ziel. Wenn du sehr viel fragst, erfährst du das, was du brauchst. Wenn du nicht zuviel schläfst und nicht faulenzt, rettest du dein Leben."

Mong Pauk Tschein war entlassen und wollte heimgehen. Doch dann kam ihm in den Sinn, vor dem Heimweg die Zauberstadt Tagaung aufzusuchen. Allerdings lag diese Stadt sehr weit entfernt, und weil er kein Geld hatte, konnte er weder zu Pferd noch im Wagen reisen, sondern mußte zu Fuß gehen. Ein Tag verging nach dem andern, aber immer noch war es weit bis Tagaung, doch er verlor nicht den Mut. Als er endlich in der Zauberstadt anlangte, begriff er, wie wertvoll der Rat seines Lehrers gewesen war: Wenn du gehst und gehst und immer weiter gehst, gelangst du schließlich ans Ziel.

In Tagaung suchte er eine Arbeit, die zwar nicht gut bezahlt wurde, aber ihm genügend Zeit ließ, um alles über die Stadt zu erfahren. So hörte er, daß Tagaung von einer Frau regiert wurde und nicht von einem König. Weiter erfuhr er, daß die Königin schon öfter geheiratet hatte, aber ihre gekrönten Männer immer in der ersten Nacht nach der Hochzeit gestorben waren. Keiner verspürte mehr Lust, diese Königin zu heiraten. Die königlichen Räte wünschten jedoch unbedingt einen

König für die Regierungsgeschäfte und ließen verkünden, jeder, wer immer es auch sei, werde König, wenn er die Königin heirate. Als Mong Pauk Tschein dies vernahm, wurde er froh und erkannte dankbar, daß auch der zweite Rat seines Lehrers wahr war: Wenn du viel fragst, erfährst du das, was du brauchst.

Mutig schritt Mong Pauk Tschein also in den Palast und erklärte sich bereit, die Königin zu heiraten. Als die Hochzeit vorüber war und die Nacht anbrach, nahm er ein Bananenbüschel und ging ins königliche Schlafgemach. Die Bananen verbarg er unter dem Bett, legte sich dann nieder, stellte sich schlafend und wartete auf die Königin, die wenig später kam und neben ihm einschlief.

Mong Pauk Tschein stand leise auf, legte das Bananenbüschel ins Bett und deckte es mit der Decke zu, so daß es wie ein schlafender Mensch aussah. Dann versteckte er sich hinter einer Säule und wartete ab. Um Mitternacht gewahrte er, daß sich der Drache Naga durchs Dach an einer Säule herunterließ. Als er sah, daß jemand neben der Königin schlief, stürzte er sich sofort wütend darauf und grub seine Hauer tief und fest in die Bananen. Mong Pauk Tschein sprang herbei und tötete den Drachen Naga mit einem Schwerthieb.

Als die Königin durch den Lärm erwachte und den toten Drachen sah, wurde sie traurig. Naga war nämlich schon viele Jahre lang insgeheim ihr Liebhaber. Mong Pauk Tschein wurde aber sehr fröhlich. Wieder mußte er daran denken, daß auch der dritte Ratschlag seines Lehrers richtig war: Wenn du nicht zuviel schläfst und nicht faulenzt, rettest du dein Leben.

Am nächsten Tag erfuhr die ganze Stadt, daß der neue König lebendig und gesund sei. Nur die Königin verbarg ihren Zorn in ihrem Herzen. Sie bestach die Diener, damit sie den toten Drachen nicht verscharrten, sondern zu ihr ins Zimmer trugen. Dann ließ sie den Hofjäger kommen. Zunächst mußte er schwören zu schweigen, und dann zog er dem Drachen für tausend Silberstücke das Fell ab. Danach ließ sie die Hofschneiderin kommen, die den gleichen Schwur ablegen mußte und für hundert Silberstücke aus dem Drachenfell ein Kopfkissen nähte. Schließlich wählte die Königin aus den vielen Knochen einen einzigen aus und fertigte daraus eine Haarnadel. Nachdem alles getan war, ging sie zu Mong Pauk Tschein, der die Hofräte bei sich versammelt hatte, und bat ihn, ihr eine Freundlichkeit zu erweisen.

Weil er in Freundschaft mit ihr leben wollte, antwortete er: „Sehr gern erweise ich jeden Dienst, den Ihr wünscht."

„Mein Herr", sagte nun die Königin, „ich schlage Euch eine Wette vor."

Mong Pauk Tschein war einverstanden, und sie fuhr fort: „Mein Herr, ich gebe Euch ein Rätsel auf. Wenn Ihr es bis zum Abend des vierzigsten Tages, von heute an gerechnet, erratet, muß ich sterben. Wenn nicht, müßt Ihr sterben. Das Rätsel lautet:

Für einen Tausender zogen sie sein Fell ab,
für einen Hunderter nähten sie es zusammen.
Seine Liebste aber machte aus einem Knöchelchen
eine Nadel für ihr Haar!“

Armer Mong Pauk Tschein. Dieses Rätsel zu erraten erforderte große Weisheit. Wie sehr bedauerte er jetzt seine Faulheit und die vertanen Jahre an der Hochschule. Er befragte die Hofräte, viele weise Männer, aber niemand konnte das Rätsel lösen. So verging die Zeit, und er verlor jede Hoffnung.

In seinem großen Unglück vergaß er sogar, seinen lieben Eltern mitzuteilen, daß er König von Tagaung geworden sei, und sie an seinen Hof zu bitten. Aber die Kunde war doch bis in das ferne Dorf zu den alten Leuten gedrungen, und sie machten sich daher auf, um ihren Sohn zu besuchen.

Am letzten Tag der gestellten Frist kamen Vater und Mutter in der Stadt an. Sie setzten sich in den Schatten eines Baumes, um sich auszuruhen und etwas zu essen. Aber das bevorstehende Wiedersehen mit ihrem Sohn regte sie so auf, daß sie nichts essen konnten und alles wegwarfen. Sofort kam ein Rabe mit seinem Weibchen angeflogen. Als sie alles aufgepickt hatten, fingen sie an, sich in menschlicher Sprache zu unterhalten.

„Heute hatten wir ein königliches Mahl“, sagte das Weibchen. „Jeden Tag können wir nicht so gut zu Mittag essen, lieber Mann.“

„Laß das nur meine Sorge sein, liebe Frau“, antwortete der Rabe. „Morgen wird Mong Pauk Tschein hingerichtet. Und wir vertilgen dann seine Augen. Das wird ein großartiger Schmaus!“

„Warum wird er hingerichtet?“

„Er kann das Rätsel nicht lösen, und heute abend läuft die Frist ab.“

„Du weißt aber auch alles!“ rief das Rabenweibchen. „Bist eben klug. Gewiß kennst du auch die Antwort auf das Rätsel?“

„Na sicher“, prahlte der Rabe. „Es ist der Drache Naga. Für tausend Silberstücke hat man ihm das Fell abgezogen, für hundert Silberstücke hat man ein Kopfkissen daraus genäht, und die Königin selbst hat aus einem Knöchelchen eine Nadel für ihr Haar angefertigt.“

„Woher weißt du denn das?“

„An diesem Abend sah ich in das Gemach der Königin hinein, weil ich hoffte, mir die Augen des Drachen zu holen.“

„Was hättest du mit denen getan?“

„Dir gebracht hätte ich sie. Das versteht sich doch von selbst.“

„Oh, wie lieb du bist!“

Der Rabe und sein Weibchen flogen davon, und die alten Eltern eilten in den

Palast und riefen schon von weitem: „Wir kennen die Lösung des Rätsels, wir kennen sie!“

Mong Pauk Tschein freute sich sehr, als er seine alten Eltern erblickte, wollte aber nicht glauben, daß sie die Lösung des Rätsels wußten, bis sie ihm alles erzählt hatten.

An diesem Abend erwartete Mong Pauk Tschein dann, von seinen Hofräten umgeben, die Königin. Mit einem Lächeln trat sie in den Saal, weil sie sicher war, daß Mong Pauk Tschein die Wette verloren hatte.

„Seid ihr bereit zu sterben, mein Herr?“ fragte sie höhnisch. „Oder haben Eure Räte Euch geholfen?“

„Ich habe Euer Rätsel gelöst“, erwiderte Mong Pauk Tschein. „Naga ist es, der Drache.“

Die Königin hatte also den Tod verdient, aber ihr Gatte war großmütig und ließ sie am Leben; er jagte sie nur aus dem Land.

Mong Pauk Tschein, der von nun allein regierte, erwies sich als ein kluger Herrscher, und seine Untertanen gewannen ihn lieb.

Der Schlaumeier und der Betrüger

Es waren einmal zwei Freunde, der Schlaumeier und der Betrüger. Eines Tages sagte der Schlaumeier zu seinem Freund: „Komm, laß uns jemanden betrügen, damit wir ein bißchen Geld in die Tasche bekommen."

Im nächsten Dorf stahlen sie einen Büffel und versteckten ihn. Als der Bauer dann im ganzen Dorf nach seinem Büffel suchte, sagte der Schlaumeier: „Mein Herr, der Betrüger, ist ein hervorragender Astrologe. Sucht doch bei ihm Hilfe. Er befindet sich jetzt in der Herberge."

Sofort stellte sich der Bauer dort ein und erzählte dem Betrüger alles. Dieser blickte mit einem gelehrten Ausdruck in eine Pergamentrolle und sagte schließlich: „Geh von hier geradewegs nach Osten. Wenn du an den großen Mangobaum kommst, biege nach Norden ab. Ein Stückchen weiter siehst du einen großen Feigenbaum. Wenn dein Büffel dort ist, gibst du mir zehn Silberstücke für meinen Rat. Ist er nicht dort, habe ich mich geirrt und nehme nichts von dir."

Der Bauer ging zu dem angegebenen Ort und fand natürlich seinen Büffel. Der Betrüger bekam seine zehn Silberstücke.

Der Schlaumeier und der Betrüger schickten sich bereits an, das Dorf zu verlassen, da suchte der Dorfrichter sie auf.

„Ich bitte Euch um Hilfe, verehrter Astrologe", sagte er. „Im ganzen Dorf erzählt man sich von Eurer bewundernswerten Kunst. In der vergangenen Nacht hat man mir meine goldene Tabaksdose gestohlen. Könnt Ihr sie vielleicht finden?"

Die beiden Gauner hatten keine Ahnung von der Sache.

„In diesem Augenblick stehen die Sterne zu ungünstig, um dir einen Rat zu geben", erwiderte der Betrüger, und blickte sehr gelehrt drein. „Bitte, komm morgen früh, dann sage ich dir, wo du die Tabaksdose finden kannst."

Kaum war der Richter fort, meinte der Betrüger zu seinem Freund, daß sie am besten sofort verschwinden sollten. Der Schlaumeier wußte aber, wenn man sie jetzt aus dem Dorfe fortlaufen sähe, könnte man sie leicht einholen.

„Warten wir, bis es Nacht wird“, schlug er vor.

Inzwischen war der Dieb, der den Namen Zufall trug und der die Tabaksdose des Richters gestohlen hatte, insgeheim zur Herberge geschlichen, um zu erfahren, ob der Astrologe wirklich sein Geheimnis aufgedeckt habe.

„Bin ich deshalb dein Freund geworden“, hörte er den Betrüger sagen, „damit ich jetzt wie ein Dieb davonlaufe, he!“

Und der Schlaumeier antwortete: „Beschuldige nicht mich, sondern den Zufall. Dem Zufall gib die Schuld!“

Der Dieb hörte in seinem Versteck nur die Worte „Dieb“ und „Zufall“ und glaubte, von ihm sei die Rede. Schlotternd vor Angst trat er ein und sagte: „Verehrter Astrologe, ich bin es, ich bin der unselige Zufall. Ich gestehe, daß ich die Tabaksdose des Richters gestohlen habe. Ich habe sie unter der Treppe in der Totenkammer auf dem Friedhof versteckt. O Weiser aller Weisen, liefere mich nicht dem Richter aus!“

„Gut, Zufall“, erwiderte der Betrüger. „Du kannst gehen!“

Der dankbare Zufall verschwand sofort im Dunkel.

Dem Richter sagte der Betrüger am anderen Morgen, wo er seine Tabaksdose finden könne.

Der Richter ging in die Totenkammer und fand sie dort wirklich. Dankbar gab er dem Betrüger hundert Silberstücke und lud beide Freunde zum Frühstück ein.

Der Schlaumeier und der Betrüger hatten sich noch einmal vom Richter verabschiedet, als ein königlicher Bote ins Dorf einritt und verkündete, daß an diesem Morgen sieben Schiffe mit einer wertvollen Ladung in den Hafen der Haupstadt eingelaufen seien. Der Kaufmann und Herr dieser Schiffe hatte dem König einen eisernen Schrein gezeigt und erklärt: „Wenn innerhalb von sieben Tagen ein Astrologe aus Eurem Königreich sagt, was sich in diesem Schrein befindet, gebe ich Euch meine sieben Schiffe mitsamt der kostbaren Ladung; wenn es aber keiner errät, gebt Ihr mir Euer ganzes Königreich.“

Der König war auf diese Wette eingegangen, weil er sich auf seinen Hofastrologen verlassen hatte. Dieser jedoch hatte erklärt, so etwas läge nicht in seiner Macht. Darum ritten jetzt Boten durchs gesamte Königreich, um einen Astrologen zu finden, der das Geheimnis des Kaufmanns erraten könnte.

Da rief der Richter: „Dies ist der Mann, der sagt, was sich in dem Schrein befindet.“

Und er wies auf den Betrüger.

Die beiden Freunde mußten gemeinsam mit dem königlichen Boten in den

Palast. Der Betrüger versicherte dem König, er werde das Geheimnis in sieben Tagen erraten. Außer sich vor Freude, ließ der König dem Betrüger ein schönes Haus mit vielen Dienern geben, und die beiden Freunde tafelten dort nach Herzenslust.

Als der sechste Tag vorüber war und nur noch eine Nacht sie von der Frist trennte, sagte der Schlaumeier: „Bis heute haben wir in Saus und Braus wie Könige gelebt. Morgen erwartet uns die Schande. Komm, gehen wir, ertränken wir uns im Meer, denn zur Flucht gibt es keine Möglichkeit!"

„Aber wir können doch schwimmen", wandte der Betrüger ein, der nicht willens war, sich selbst umzubringen.

„Nun ja", sagte der Schlaumeier. „Wir schwimmen eben so lange, wie unsere Kräfte reichen, und dann gehen wir unter."

Ein Weilchen liefen sie am Ufer hin und her und warfen sich schließlich in die Wellen. Als die beiden Freunde an einem der sieben Schiffe vorbeischwammen, hörten sie eine zarte Kinderstimme.

„Großvater, du bist doch der Koch unseres Herrn! Du weißt doch das Geheimnis!"

Die Stimme eines alten Mannes antwortete: „Still, sei still und schlaf!"

„Sag's mir doch, Großvater, sag's mir...", bettelte die Kinderstimme. „Ich schlafe nicht ein, bevor du es mir nicht gesagt hast."

„Ach, du Schmeichelkatze", sagte der Alte. „Also hör zu. In dem Eisenschrein ist ein Schrein aus Bronze und in diesem Schrein ein silberner und im silbernen ein goldener, und in dem goldenen Schrein ist ein Tröpfchen duftenden Nektars... So, und jetzt schlaf!"

Da beglückwünschten sich die beiden Freunde im stillen und schwammen zurück ans Ufer.

Am nächsten Morgen mußte dann der Kaufmann Abschied nehmen von seinen sieben Schiffen mit der kostbaren Ladung, und der Betrüger wurde zum Hofastrologen ernannt.

Als der Betrüger an diesem Tage beim König war, steckte der Schlaumeier das Haus in Brand, verbrannte sich die Hände und eilte in den Palast. Dort warf er sich vor seinem Freund auf die Knie.

„O Herr, vergib mir, vergib! Unser Haus brennt! Ich habe alles getan, um deine wertvollen Pergamentrollen zu retten, aber alle sind verbrannt. Welch ein Unglück!"

Als der Betrüger dies hörte, griff er sich an den Kopf.

„Oh, oh, oh", jammerte er. „Alle meine Handschriften verbrannt! Niemals mehr werde ich wahrsagen können!"

Der König versuchte, den Betrüger zu beruhigen. Als alle freundlichen Worte nichts halfen, ernannte er ihn zum Minister. Dann blickte der König auf den Schlaumeier und dessen verbrannte Hände.

„Solche ehrenhaften und ergebenen Diener sind selten“, sagte er. „Du hast dein Leben eingesetzt, um das Eigentum deines Herrn zu retten. Solche Leute brauche ich.“

Und er ernannte den Schlaumeier zu seinem obersten Heerführer.

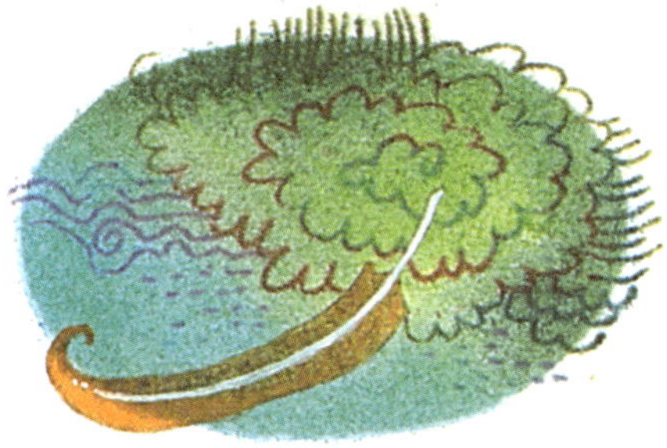

Der Zauberhahn

Es waren einmal zwei Brüder, der eine arm und der andere reich. Der Reiche lebte in der Stadt und der Arme auf dem Land.

Eines Tages fand der Arme eine goldene Feder unter einem Baum. Als er aufblickte, gewahrte er einen goldenen Hahn, der auf einem Ast saß. Er hob die Feder auf und trug sie zu seinem Bruder in die Stadt.

„Ein hübsches Ding“, sagte der Reiche. „Wert ist es zwar nicht viel, aber ich geb dir ein Silberstück dafür.“

Der Arme ahnte nicht, daß die Feder aus reinem Gold war, und gab sich damit zufrieden.

Am nächsten Tag fand er wieder eine goldene Feder unter dem Baum und verkaufte sie dem reichen Bruder zum gleichen Preis.

So ging das eine ganze Zeit. Eines Tages aber hörte der Arme den Hahn auf dem Baum laut krähen: „Wer mein Herz ißt, findet jeden Morgen zwei goldne Eier unter seinem Kopfkissen!“

Der Arme lief in die Stadt und erzählte es seinem reichen Bruder. Der sagte: „Wenn du den Hahn für mich fängst, gebe ich dir tausend Silberstücke.“

„Deine Silberstücke kannst du behalten“, erwiderte der Arme. „Nimm statt dessen meine beiden Söhne zu dir, damit sie ebenso reich werden wie du.“

Dann nahm er einen Pfeil, ging zum Baum, erlegte den Hahn und schickte ihn mit seinen beiden Jungen in die Stadt.

Der habgierige Reiche dachte nicht daran, die Söhne seines Bruders umsonst zu erziehen, sondern machte sie zu seinen Dienern. Er befahl ihnen, den Hahn zum Mittagessen zu kochen.

Diensteifrig nahmen sie das Tier aus und begannen es zu braten. Plözlich hüpfte das Herz aus der Pfanne und fiel auf den schmutzigen Fußboden.

„Ach“, rief der ältere Junge, „wir müssen das Herz wegwerfen, so schmutzig können wir es dem Onkel nicht vorsetzen.“

„Nein, wirf es nicht weg“, rief der jüngere. „Ich hab großen Appetit darauf. Wir teilen es uns, jeder bekommt die Hälfte.“

Dies taten sie.

Zu Mittag setzte sich der Reiche an den Tisch und suchte in der Schüssel nach dem Herz des Hahns, ohne es zu finden. Als er von den Jungen erfuhr, was geschehen war, wurde er zornig, verprügelte die Burschen und warf sie aus dem Haus. Weinend kehrten sie zu ihrem Vater zurück.

Am andern Morgen fand jeder Junge ein goldenes Ei unter seinem Kopfkissen. Sie gaben es ihrem Vater. Der Vater, der wütend über seinen reichen Bruder war, brachte nicht ihm die goldenen Eier, sondern einem fremden Kaufmann. Dieser war ein ehrenhafter Mann und bezahlte sie gut. Nun erst dämmerte es dem Armen, wie sehr ihn sein reicher Bruder betrogen hatte.

Jeden Tag verkaufte der Arme die zwei goldenen Eier, bis er und seine Söhne viel reicher geworden waren als der habgierige Bruder in der Stadt.

Der Schwindler

Es war einmal ein Junge, der Schwindler genannt wurde, weil er alle seine Kameraden beim Spiel um Süßigkeiten und Spielsachen betrog. Als er gewachsen war, ging er daran, sogar die eigenen Eltern zu betrügen, und wartete nur auf eine passende Gelegenheit.

Und die kam auch eines Tages, als der Vater ins Nachbardorf wollte und sagte: „Mein Sohn, komm mit und nimm dieses Bündel mit Reis und Fleisch für den Weg mit."

Der Sohn blieb hinter dem Vater zurück und aß den ganzen Reis und das Fleisch. Als der Vater sich dann in den Schatten setzte, um sich auszuruhen, forderte er den Sohn auf, das Bündel aufzubinden.

Der Sohn sagte: „Ich hab es auf dem Weg gelassen."

„Was?" rief der Vater verwundert.

„Du hast doch selbst gesagt, das ist Reis und Fleisch für den Weg! Also hab ich es auf dem Weg gelassen."

Wütend schickte der Vater seinen Sohn nach Haus.

Zufrieden mit sich selbst, ging der Schwindler zurück. Zu Haus fing er an zu weinen und rief: „Mutter, unser Vater ist tot. Eine Schlange hat ihn gebissen."

Als nun auch die Mutter weinte, fuhr der Schwindler fort: „Gute Menschen bringen den Vater bald her. Man muß sich dankbar erweisen. Kann ich das Schwein schlachten?"

Was sollte die Mutter darauf antworten?

Also schlachtete er das Schwein, briet es und aß mehr als die Hälfte.

Gegen Abend kam der Vater. Als er hörte, was der Sohn angestellt hatte, verprügelte er ihn und jagte ihn aus dem Haus.

„Nimm dein Schwein und laß dich nie wieder sehen!“ rief er ihm nach.

Der Schwindler warf sich den Rest des Bratens über den Rücken und schritt fröhlich vom Hof.

Als er am Haus des reichsten Bauern im Dorf vorbeikam, arbeitete dieser im Garten.

Der Schwindler rief über den Zaun: „Erlaubt, daß ich Euch bewirte.“

Und er wies auf den Schweinebraten.

„Komm in mein Haus, o Bote der Großmut!“ erwiderte der Geizkragen hocherfreut.

„Ich will für mich nur so viel behalten, wie in einen kleinen Topf hineingeht“ sagte der Schwindler. „Aber ich habe keinen Topf. Würdest du mir einen borgen?“

Schon wollte der Reiche in die Küche gehen, aber der Schwindler hielt ihn höflich zurück. „O nein, ich werde ihn selbst von deiner Frau erbitten.“

Er trat in die Küche und sagte: „Hier ist Schweinebraten! Nimm ihn und gib mir einen Sack Gold dafür. So hat es dein Mann befohlen.“

Die Frau des geizigen Bauern glaubte dem Schwindler nicht und sah ihn mißtrauisch an.

„Ich habe noch einen langen Weg vor mir, gib mir schnell das Gold“, wiederholte der Schwindler und rief dann zum Bauern hinaus: „Sie will ihn mir nicht geben!“

„Gib ihn schon, du Dumme“, rief der Bauer, der dachte, die Frau wollte dem Schwindler den Topf nicht geben.

Da gab die Frau den Sack Gold, und der Schwindler schlüpfte zur Hintertür hinaus.

Später vergrub er ein paar Stücke Gold an einem Kreuzweg, brach einen Ast vom Baum, machte einen Stab daraus und wartete geduldig. Als aus der Ferne Pferdegetrappel laut wurde, griff er nach seinem Stab, ging hin und her, klopfte auf die Erde und rief: „Gold, her zu mir, Gold, her zu mir!“

Inzwischen war ein Reiter herangekommen. Er sah, wie sonderbar sich der Schwindler gebärdete, und fragte: „Was tust du da?“

„Ich benutzte nur meinen Zauberstab“, antwortete der Schwindler.

„Deinen Zauberstab?“ wiederholte der Reiter ungläubig.

„Pst! Frag nicht!“ wies ihn der Schwindler zurecht! „Wenn du alles erfahren willst, grabe dort, wo mein Stab die Erde berührt.“ Und er wies auf die Stelle, wo er die Goldstücke vergraben hatte.

Der Reiter sprang vom Pferd, und als er ein wenig in der Erde gewühlt hatte, entdeckte er ein Stückchen Gold, dann ein zweites und ein drittes.

„Ei, was für ein schöner Stab!“ rief er. „Willst du ihn nicht gegen meinen Rappen eintauschen?“

„O nein“, sagte der Schwindler und ging davon. Der Reiter lief hinterher und bettelte so lange, bis der Schwindler nachgab, aufs Pferd stieg und eilends davongaloppierte.

Nach einiger Zeit kam er an das Haus eines reichen Mannes. Diesen bat er um Obdach für sein Pferd in dessen Stall. Der Reiche war einverstanden, und der Schwindler stellte das Pferd ein, legte sich selbst in eine Ecke aufs Stroh und schlief ruhig und zufrieden. Vor Morgengrauen stand er auf und warf ein paar Goldstücke zwischen den Pferdemist.

Nachdem die Sonne aufgegangen war, ging der Schwindler zum Reichen und bat ihn um ein Sieb. Der reiche Mann wollte wissen, wozu der Fremde so früh am Morgen ein Sieb wollte, und er schickte seinen Diener hinterher, um nachzusehen, was der Fremde dort trieb. Der Diener stellte sich an die Wand und guckte durch eine Ritze, weil der Schwindler die Stalltür hinter sich geschlossen und das Fenster mit Stroh verstopft hatte. Nun sah der Diener, daß der Schwindler den Pferdemist durchsiebte. Sofort holte er seinen Herrn, der gleichfalls durch die Ritze spähte. Da sah er, daß der Schwindler Goldstücke aus dem Sieb nahm. Er hämmerte an die Tür, und als der Schwindler öffnete, drückte er ihm tausend Goldstücke für das Pferd in die Hand. Der Schwindler schüttelte nur seinen Kopf. Da gemahnte ihn der reiche Bauer daran, daß er dankbar sein müsse, weil er ihm erlaubt hatte, das Pferd über Nacht in seinen Stall zu stellen. Weinend trennte sich der Schwindler vom Pferd und ging mit den tausend Goldstücken davon.

Unterwegs begegnete er einem alten Ehepaar, das miteinander wie Täubchen turtelte. Er eilte an ihnen vorbei ins nächste Dorf, kaufte dort einen hölzernen Stab und mehrere Vorhänge. Dann suchte er sich ein junges Mädchen und seine Großmutter, die er beide in seine Dienste nahm. Mit seinen Helfern ging er denselben Weg zurück. Ein Stück hinter dem Dorf falteten sie die Vorhänge auseinander und hüllten das Mädchen darin ein.

Schon kamen der Alte mit seiner alten Frau heran. Als sie angelangt waren, berührte der Schwindler die Großmutter mit seinem Stab.

„Was tust du?“ fragte der alte Mann verwundert.

„Ich gebe dieser alten Frau ihre Jugend zurück“, antwortete der Schwindler und befahl der Großmutter, hinter den Vorhang zu gehen. Nach einer Weile kam ihre Enkelin hervor.

„O vielen, vielen Dank, lieber Zauberer“, sagte das Mädchen, „jetzt bin ich wieder jung und schön.“

Sofort verlegten sich der alte Mann und seine Frau aufs Bitten, der Schwindler möge auch ihnen die Jugend wiedergeben.

„Nein, nein“, wehrte der Schwindler ab. „Ich kann nur einem Menschen pro Tag die Jugend wiedergeben.“

Nach langem Bitten ließ er sich überreden; allerdings verlangte er tausend Goldstücke dafür.

„Das ist preiswert“, riefen die Alten. „Wir holen sofort das Geld, warte hier auf uns.“ Und schon liefen sie ins Dorf.

Mit guter Bezahlung entließ der Schwindler seine Gehilfen.

Als die Alten ihm das Geld gebracht hatten, sagte der Schwindler, er wolle zuerst dem alten Mann die Jugend wiedergeben, und berührte ihn mehrmals mit dem Stock.

„Geh jetzt hinter den Vorhang, aber werde nicht ungeduldig.“

Nachdem eine ganze Weile verstrichen war, fragte der Alte: „Verehrter Zauberer, dauert es noch lange? Ich bin ja noch immer alt!“

„Ich schau gleich mal nach“, entgegnete der Schwindler, ging hinter den Vorhang und schlug auf den Alten ein.

Dann begab er sich zu der alten Frau: „Dein Mann hat einen sehr zähen Körper, deshalb muß er noch zwei Stunden hinter dem Vorhang bleiben. Ich aber kann nicht länger warten, muß etwas Wichtiges erledigen. Könnte ich dich nicht morgen heilen?“

Da begann die alte Frau zu weinen.

„O lieber Zauberer“, rief sie. „Wenn mein Mann jung aus dem Vorhang tritt und mich hier alt sieht, nimmt er sich ein junges Mädchen zur Frau. Du Weisester aller Weisen, hilf mir doch heute!“

„Also gut“, sagte endlich der Schwindler. „Machen wir uns gleich ans Werk. Aber was ist mit dem Vorhang? Warte hier auf mich, ich hole einen neuen aus dem Dorf!“

Die alte Frau bedankte sich vielmals bei dem guten Zauberer; doch der Schwindler ging nur bis zum allernächsten Mangohain und machte sich dann aus dem Staub.

Jetzt besaß er neuntausend Goldstücke und wollte endlich damit aufhören, andere Menschen zu betrügen. Er dachte daran, sich ein hübsches Mädchen zur Frau zu nehmen und irgendwo mit ihr ein Heim zu gründen.

Doch inzwischen hatte der König des Landes erfahren, welch arge Streiche der Schwindler trieb, und ließ ihn überall suchen. Als man ihn gefangen hatte, wurde er vor das königliche Gericht gestellt. Der König befahl, ihn in einen Sack zu stecken und in den Irawadi zu werfen. Die Henker brachten ihn zum Fluß. Für gewöhnlich wurden die Hinrichtungen bei Sonnenuntergang ausgeführt, und weil es noch ein paar Stunden zu früh war, banden sie den Sack an einen Baum und gingen fort, um sicht mit Palmensaft zu stärken.

Nach einer Weile vernahm der Schwindler das Stampfen von Elefantenbeinen und hörte den Treiber rufen: „Voran! Voran!"

Plötzlich schrie der Schwindler aus seinem Sack: „Nein, ich will nicht regieren! Nein, ich werde nicht König! Nein und nein!"

„Was ist denn los, lieber Freund?" rief der Treiber.

„Verehrter Herr", antwortete der Schwindler, „ist es vielleicht meine Schuld, daß unser König keine Kinder hat? Jetzt sucht er einen Nachfolger. Ich saß nur ein wenig im Schatten dieses Baumes und ruhte mich aus, schon weckten mich die Hofleute und fragten: Willst du König werden? Ich habe abgelehnt, und da haben sie mich in diesen Sack gesteckt und verlangen, daß ich zustimme! Jetzt sind sie gegangen, um Palmensaft zu trinken."

„Könnten wir nicht die Plätze tauschen?" schlug der Treiber vor.

„Lieber Freund, denk nur an die schwere Bürde, die das Regieren auferlegt", gab der Schwindler zu bedenken.

„Davor habe ich keine Angst", antwortete der andere, befreite den Schwindler und kroch selbst in den Sack.

Der Schwindler band ihn fest, setzte sich auf den Elefanten und ritt davon.

„Ich werde König, ich will es. He!" schrie der Treiber im Sack.

Der Schwindler schlug dann den Elefanten tot, machte ein Loch in seinen Körper, das so groß war, daß Geier hineinschlüpfen konnten, legte sich unter einen Busch und schlief ein.

Am Morgen sah er einen Geier nach dem andern in den Elefanten hineinschlüpfen. Nun verstopfte er das Loch mit Lumpen, und die Vögel waren gefangen. Er kroch auf den Elefanten und schlug ihn mehrmals mit einem Stock. Die verstörten Geier flogen in die Luft und trugen den Schwindler auf dem Elefanten hoch hinauf.

Später beruhigten sie sich aber, und der Elefant schwebte langsam wieder zur Erde hinab.

Als die Kunde von dem fliegenden Elefanten zum König und seinen Räten drang, wollte er unbedingt dieses Wunder sehen. Wie groß war sein Erstaunen, als er den Schwindler entdeckte.

„Hat man dich denn nicht gestern in den Fluß geworfen?" fragte er.

„O ja", erwiderte der Schwindler, „aber der Drache Naga, der auf dem Grunde des Flusses wohnt, hat mir geholfen, wieder hinauszukommen, und überdies schenkte er mir noch einen fliegenden Elefanten."

„Würdest du den mir überlassen?" fragte der König weiter.

„Gewiß doch, wenn du mich zu deinem Nachfolger ernennst", antwortete der Schwindler.

Der König ernannte ihn zu seinem Nachfolger, setzte sich auf den toten Elefanten, schlug ihn ein paarmal mit dem Stab und erhob sich in die Lüfte. Hier gewahrte er die Lumpen im Körper des Elefanten und zog sie neugierig heraus. Die Geier flogen aus dem Loch, und der Elefant fiel aus großer Höhe auf die Erde hinab.

So wurde der Schwindler König.

Der Glückliche und der Fleißige

In einem Dorf lebten einmal zwei Männer, der Glückliche und der Fleißige, die sich in nichts glichen. Der Glückliche arbeitete sehr ungern und glaubte lieber an einen glücklichen Zufall. Und der Fleißige arbeitete hart und glaubte nicht an einen Zufall.

Der Glückliche saß immer zu Haus herum. Aber der Fleißige fuhr den Fluß Irawadi hinauf und brachte dann Bambusflöße stromabwärts. Bambus wurde damals gut bezahlt, und so wurde der Fleißige reich und hatte bald eine schöne Herde Rinder.

Schließlich mochten die Eltern des Glücklichen nicht länger mitansehen, daß er immer nur faulenzte, und befahlen ihm, zusammen mit dem Fleißigen Bambus zu flößen.

Unterwegs erzählte der Glückliche seinen Kameraden, daß sein Schicksal ihn dazu verurteilt habe, jetzt Flößer zu werden, doch glaube er immer noch an sein großes Glück. Unterwegs geschah aber nichts Außergewöhnliches, und der Fleißige hänselte ihn: „Nun, wo ist denn dein großes Glück?"

„Wart's nur ab", erwiderte der andere. „Das Glück kommt langsam."

Unterwegs wurden die Flößer von einem Gewitter überrascht und mußten ihre Flöße an einem seltsamen Ufer verankern. Da lachte der Fleißige wieder den Glücklichen aus: „Aha, das ist wohl dein großes Glück?"

Und die anderen Flößer fingen nun auch an zu lachen.

Die dummen, höhnischen Witze brachten den Glücklichen so auf, daß er sich ein Stück landeinwärts begab.

„Heda, geh nicht zu weit weg, wir warten nicht auf dich!" rief ihm der Fleißige nach.

„Wenn es mir beschieden ist, hier zu bleiben“, kam die Erwiderung, „bin ich auch nicht böse.“

Damit entfernte er sich weiter vom Ufer, bis er zu einem kleinen kristallklaren See gelangte. Plötzlich bekam er Lust zu baden und sprang hinein. Sofort verwandelte er sich in einen Affen. Obwohl es ihn verdroß, jammerte er nicht. Nun, dachte er, wenn es mein Schicksal ist, ein Affe zu sein, läßt sich nichts dagegen tun.

Er lief weiter und fand einen See, der noch kleiner war und trübes Wasser hatte.

„Warum sollte ich dieses Wasser nicht auch ausprobieren“, sagte er sich, sprang hinein und wurde wieder ein Mensch.

In der Nähe der beiden Seen fand er zwei Krüge. In einen füllte er kristallklares und in den anderen das trübe Wasser und kehrte damit zu den Flößern zurück, die sich immer noch an derselben Stelle befanden.

„Was hast du gefunden?‘ fragte der Fleißige.

„Nur Wasser.“

„Gewiß dein großes Glück“, bemerkte der Fleißige verächtlich. „Am Fluß Irawadi zwei Krüge voll Wasser zu finden, wirklich, das ist nicht jedem vergönnt.“

Der andere antwortete ihm nicht.

Nachdem das Gewitter vorüber war, banden die Leute ihre Flöße los und setzten ihre Fahrt fort.

Als sie in einer großen Stadt angekommen waren, hielten sie an. Sofort begab sich der Fleißige zu den Kaufleuten, um nach den Bambuspreisen zu fragen. Der Glückliche blieb auf dem Floß und sah einem Wasserträger zu, der erst seine Krüge mit dem Wasser des Irawadi füllte und dann baden ging. Nun wollte der Glückliche ein bißchen Spaß haben und goß ein wenig kristallklares Wasser in den Krug des Wasserträgers.

„Jetzt werden wir einmal sehen, wer Glück und wer Pech hat“, sagte er lachend und kehrte mit seinen Krügen aufs Floß zurück.

Nach dem Bad nahm der Wasserträger seine Krüge u-nd begab sich in die Straßen.

Der König in diesem Land besaß eine sehr schöne Tochter. Gerade an diesem Morgen hatten ihre Dienerinnen aber nicht genügend Wasser für ihr Bad besorgt. Die Prinzessin war wütend, und eine ihrer Dienerinnen lief mit einem Krug an den Fluß. Da begegnete ihr der Wasserträger auf der Straße, und sie kaufte von ihm gerade jenen Krug, in dem sich das kristallklare Wasser des Glücklichen befand.

Kaum war die Prinzessin in das Wasser eingetaucht, verwandelte sie sich in einen Affen. Entsetzt sandte der König Boten in alle Himmelsrichtungen, die verkündeten, daß die Prinzessin ein großes Unglück betroffen habe. Wer ihr daher ihre menschliche Gestalt wiedergebe, erhalte ihre Hand und die Hälfte des Königreichs.

Als der Glückliche diese Kunde vernahm, ging er sofort in den Palast und beträufelte die Prinzessin mit dem trüben Wasser. So also bekam der Glückliche die wunderschöne Prinzessin zur Frau, wurde Thronfolger und schließlich sogar König.

Den Fleißigen traf ein Unglück nach dem andern. Stürme zerbrachen seine Flöße, Diebe stahlen sein Geld, und seine Herde kam um bis auf eine einzige Kuh.

Der Glückliche ist also König, dachte er. Wenn ich jetzt zu ihm gehe, ihm die Kuh zeige und sage, daß die von meiner ganzen Habe übrigblieb, schenkt er mir gewiß Gold und Edelsteine.

Also machte er sich mit seiner Kuh auf den Weg. Am Tor hielt ihn der Wachposten an. Als er dessen blitzendes Schwert sah, war er ganz verwirrt. Der Posten hielt ihm grob das Schwert vor die Brust und fragte streng: „Sag, warum du zum König willst!“

Da erschrak der Fleißige so sehr, daß er weglief. Bis zu seinem Tod blieb er ein armer Mann.

Mißverständnisse

Der Abt eines Klosters gebot einmal einem jungen Mönch: „Geh ins Dorf und bitte um ein wenig Tabak."

Der junge Mönch war aber taub und glaubte, der Abt wolle Gewürz haben.

Er kam ins Dorf und sah ein Mädchen, das an seinem Webstuhl vor dem Hause saß und webte.

„Schwesterchen", bat er sie, „verkaufst du mir etwas Gewürz?"

„Dieser Webstuhl besteht aus dreiundzwanzig Teilen", antwortete das Mädchen, das gleichfalls taub war.

„Sei nicht böse, daß ich dich störe", sagte der Mönch. „Wenn du zu tun hast, nehme ich mir das Gewürz selbst."

Er ging in die Küche, nahm das Gewürz aus einem Näpfchen und eilte ins Kloster zurück.

Das Mädchen sprang vom Webstuhl auf und lief zu der Mutter, die hinter der Hütte Wäsche bleichte.

„Mutter", rief sie. „Geh gleich zum Kloster zum Abt und beschwere dich über den jungen Mönch. Erst kam er zu mir, fragte mich über den Webstuhl aus, dann lief er ins Haus und nahm sich, ohne zu fragen, eine Handvoll Gewürz!"

„Was sagst du da!" schrie die Mutter, die gleichfalls taub war. „Du bist noch viel zu klein, um zu heiraten. Wenn deine Zeit kommt, kümmere ich mich schon darum, daß du einen ordentlichen Mann bekommst."

Das Mädchen kehrte an den Webstuhl zurück, und die Mutter überlegte ein wenig und entschied sich, alles ihrem Mann zu erzählen.

„Weißt du, was sich unsere Tochter in den Kopf gesetzt hat?" schrie sie den Mann an, der damit beschäftigt war, einen Korb zu flechten. „Heiraten will sie! Höchste Zeit, daß du sie einmal richtig verhaust."

Der Mann lächelte nur friedlich und antwortete: „Warum schreist du mich so an? Jeder weiß doch, daß alle Körbe oval sind; nur Körbe für Reis sind viereckig!“

Auch er war nämlich taub.

Nachwort

An den immergrünen Ufern des Irawadi-Flusses liegt zwischen Indien, China und Theiland das Land Birma. Heute hat es zweiunddreißig Millionen Einwohner. Vor fast tausend Jahren war Pagan dort die Hauptstadt. Reis ist das Hauptnahrungsmittel. Um die Felder zu bewässern, erfanden sie ein kunstvolles Bewässerungssystem. Sie bauen ferner Zuckerrohr, Tabak und Baumwolle an und gewinnen Kautschuk. In den Bergen schürfen sie Blei, Zink, Kobalt und Silber. Rubine aus Birma werden in der ganzen Welt geschätzt.

Dichte tropische Regenwälder reichen bis zu zweitausend Meter hinauf. Darüber breiten sich Bergwälder aus. Zwischen den Bergen liegen tief eingeschnittene Täler, die sich mehrfach zu Becken erweitern. Ein solches Becken ist das fruchtbare Irawadi-Becken um Mandalay. Der Hauptstrom ist der Irawadi. In seinem Delta wächst undurchdringlicher Urwald. Tiger, Affen, Elefanten und Schlangen sind dort zu Hause.

Die ersten Ansiedler kamen aus Tibet, dem Land mit den höchsten Bergen. Die Menschen bauten Hütten aus Schilf, lebten vom Fischfang und Reisanbau und züchteten auch Nutzvieh.

Die Menschen in Birma sind fleißig und geschickt und wissen seit alters her, wie man mit den Schätzen der Erde umgehen muß.

Wechselvoll war die Geschichte des kleinen Volkes durch die langen Jahrhunderte hindurch. 849 nach unserer Zeitrechnung fand die Gründung des Reiches von Pagan in Nordbirma statt. Dieser Ort wird mehrfach auch in unseren Märchen genannt. Indische Kolonisten brachten im 9. und 10. Jahrhundert den Buddhismus ins Land.

Die Einwohner Birmas hatten sich immer wieder gegen Feinde zu wehren, gegen die Inder, gegen die Chinesen, gegen die Engländer, zu deren Kolonialreich sie sechzig Jahre gehörten. Seit 1948 ist Birma unabhängige Republik.

Etwas von dieser wechselvollen Geschichte spiegelt sich auch in den Märchen. Wie sich ein so kleines Volk gegen mächtige Widersacher behaupten kann, zeigen uns die vielen Abenteuer des schwachen, aber gewitzten Kaninchens, das sich stets zu helfen weiß und auch anderen tatkräftig hilft. Es wurde zu einer Symbolfigur der birmanischen Märchenliteratur, eine Gestalt, die uns an den Fuchs der europäischen Tiermärchen und Fabeln erinnert.

Jede Landschaft bringt ihre charakteristischen Märchenfiguren hervor. Dabei haben diese Tierfiguren menschliche Eigenschaften, Gedanken und Gefühle zu übernehmen, vielfach auch menschliche Sitten oder eine handfeste Moral. Aus der Vermischung der tierischen Erscheinungsform mit dem menschlichen Verhalten ergibt sich ein eigentümlicher erzählerischer Reiz, der bis heute nicht erloschen ist. Die Geschichten enthalten oft einen mehr oder weniger verhüllten Bezug auf die Zustände in der menschlichen Gesellschaft.

Andere Märchen berichten von der Krähe, dem Kormoran, dem Nußhäher, der Schnecke, dem Büffel, dem Affen, dem Tiger, dem Elefanten und häufig auch dem Krokodil, das eine besondere Wertschätzung genießt. Es denkt und fühlt wie Menschen, und es verwandelt sich in einen Menschen, wenn es hundert Jahre alt geworden ist, und Krokodile werden so alt. Das Kaninchen aber hat Eigenschaften, die man sich auch für sich selber wünscht: Weisheit, Hilfsbereitschaft, Freundschaft und Mut.

In den Märchen wird immer wieder von Armen und Reichen erzählt, und Erfüllung aller Träume ist, wenn der Held die Königstochter erringt und damit den Thron. Doch es fällt auf, daß der Erzähler mitunter Sympathie mit dem Dummkopf, dem Schwindler und dem Faulpelz zeigt. Das kennen wir auch wieder von unserer Märchenliteratur, in der ein Pechvogel oder Dummling sehr wohl zu seinem Glück kommen kann.

So wird in dem Märchen „Der Schwindler" von einem erzählt, der einen argen Streich nach dem anderen verübt und am Ende nicht nur dem Henker entgeht, sondern noch dafür belohnt wird.

Die einen Geschichten sind fröhlich, die anderen traurig. Manche muten uns fremd und geheimnisvoll an, andere erinnern uns an unsere Fabeln. Sie alle aber zeichnen sich durch Frische und eine lebensvolle Weisheit aus. Der Grundton bleibt unüberhörbar: Optimismus, Wahrheitsliebe und Gerechtigkeit.

Birma ist ein fernes Land. Durch seine Märchen und Fabeln wird es uns nähergebracht. Die Sprache der Märchen ist universal, es ist die Sprache der Vergangenheit, die bis in die Gegenwart reicht und uns noch heute aufmerksam zuhören läßt. Die Geschichten mit ihrer Klarheit und Einfachheit, mit ihrer kargen Anmut, mit den fesselnden Bildern und Gestalten, mit der anschaulichen Sprache sind auch unseren Kindern verständlich.

Die Märchen aus Birma sind kein geschlossener Garten, keine geschlossene Welt, in der sich nur der Einheimische mit Gewinn ergehen kann. Im Gegenteil: Die vielen Fäden werden sichtbar, die zwischen den Völkern gewebt sind. Dabei treten die Gemeinsamkeiten stärker als die Unterschiede hervor. So sprechen die Märchen über die Zeiten und viele Länder hinweg mit einer Stimme, die Kinder und Erwachsene erreicht. Fremde Menschen verstehen und achten lernen, in diesen Dienst sehen sich auch diese Märchen gestellt.

Inhalt

Märchen aus Birma

von Maung Htin Aung
übersetzt von Elisabeth Borchardt-Hilgert,
Eliška Jelínková, bearbeitet von O. Werdau

VERLAG WERNER DAUSIEN · HANAU
Herstellung Mladé letá, Bratislava, 1989
ISBN 3-7684-5914-4